DOLORE MINIMO

GIOVANNA CRISTINA VIVINETTO

TRANSLATED BY GABRIELLA FEE AND DORA MALECH

saturnalia | BOOKS

Distributed by Independent Publishers Group
Chicago

Saturnalia Books
105 Woodside Rd.
Ardmore, PA 19003
info@saturnaliabooks.com

ISBN: 978-1-947817-46-3 (print), 978-1-947817-47-0 (ebook)
Library of Congress Control Number: 2022940647

Cover art and book design by Robin Vuchnich

Distributed by:
Independent Publishing Group
814 N. Franklin St.
Chicago, IL 60610
800-888-4741

ACKNOWLEDGMENTS

The translators would like to thank Interlinea Edizioni, Sarah Wetzel, Saturnalia Books, and Danila Cannamela; the editors of *Alchemy*, *Copper Nickel*, *Italian Trans Geographies*, *Journal of Italian Translation*, *The Offing*, *On the Seawall*, and *Smartish Pace* for first publishing poems in this collection; and the brilliant Giovanna, of course.

Gabriella Fee would also like to thank Isabella Nebel, Natalia Nebel, Jonathan Fee, Ellie Parker, Andrew Motion, Mary Jo Salter, and the Writing Seminars at Johns Hopkins University.

Dora Malech would also like to thank Dana Prescott, Marco Sonzogni, Kyle Stine, the American Academy in Rome, the Civitella Ranieri Foundation, and Johns Hopkins University and its Discovery Award initiative.

When I first published *Dolore Minimo,* I certainly could not have expected all the warmth this little book of poems would receive, much less that it would rouse interest even beyond national borders. Now, four years after its publication, I still find myself astonished because, after all this time, these poems I wrote at just twenty continue to give me gifts of emotion and surprise. I am, therefore, very grateful to Dora Malech and Gabriella Fee who, with extraordinary sensitivity and many months of hard work, delivered my poems to the English-speaking public. And I'm happy that, in my text, they are also there — after all, to translate is to "stay inside" the words, immerse oneself in them, grasp their essence, their truest meaning, manipulate them with great care and attention and give them back to a different audience, under a new form and with another linguistic framework still faithful to the original — to crown this beautiful moment of shared joy. I am also grateful to the editors of Saturnalia Books for including *Dolore Minimo* among their works. I hope that English-speaking readers will be able to approach my poems and discover something of themselves in them, with the joy of someone who finds something they thought they had lost.

— Giovanna Cristina Vivinetto

Table of Contents

INTRODUCTION

BRIARS OF CHILDHOOD

THE TRACE OF THE PASSAGE

A LITTLE PAIN

I

Per acquietare il male che lo assale 134 / To calm the ill that assails 135

Presagivamo la natura 138 / We predicted the nature 139

Noi eravamo fra quelli chiamati 140 / We were among those called 141

Un errore semantico si nasconde 142 / A semantic error hides 143

Quando i nostri gomiti s'incontravano 146 / When our elbows met 147

Quando lui avanti cammina 148 / When he walks ahead of you 149

Ci aggrappavamo ai nomi 152 / We clung to names 153

Sono il tronco di betulla rovesciato 154 / I am the toppled birch trunk 155

L'immolazione al sesso 156 / To immolate the sex 157

L'altra notte, sai 158 / You know, the other night 159

Guardate quella madre 160 / Look at that mother 161

Lo spazio del mio corpo è questo 164 / The space of my body is this 165

Che nome scegli 166 / What name do you choose 167

Non ho figli da dare 170 / I have no children to give 171

II

Tutto iniziò con l'avere confidenza 174 / It all started with our confidence 175

Io venni come ultima cura 176 / I came as a last resort 177

Col tempo divenni nient'altro 178 / Over time I became nothing 179

Si dice che le personalità forti 180 / Strong personalities are said to leap 181

A volte certe forze misteriose 182 / Sometimes certain mysterious forces 183

Sono tua madre 184 / I'm your mother 185

III

About the Author and Translators

INTRODUCTION

By Dacia Maraini

Giovanna Cristina Vivinetto takes up the difficult task of giving birth to and mothering another self, searching her past for a distant and almost unrecognizable other in the immutable play of childhood.

She observes, unearths, dives under, seeking answers in her still-hidden, remote and nascent self:

> *At that time there were no disasters*
> *to ration, discrepancies*
> *to tend beneath loose clothing,*
> *fathers to refuse or names*
> *to follow to the bottom of ponds.*

With adolescence, this double begins to have a voice, to speak, to feel; the two identities begin talking to each other:

> *We understood*
> *that if the first birth had been all*
> *chance, biology, uncertainty – this other*
> *was chosen, was anticipated, was penance:*
> *baring self to world to abolish it,*
> *to patiently reinhabit it.*

Vivinetto's poetic voice is agile and aching. It speaks of her body's simultaneous "being and not being"; of seeing herself gradually emerging; of the joy, the surprise, and the moments of loss that accompany that new birth.

This daughter who mothers herself, retracing the stages of her transformation, forges ahead in her urgent accounting, delivering her life's unassailable truth.

Her new birth, with its delicate and profound complication of roles, charges her poetics. Like the deliberate flow of a film's frames, her poems reveal details, glances, glimpses, nebulous at first, and then increasingly clear and crystalline.

Being like you isn't that easy;
it seems to be but isn't it seems
so easy to be with you but
it isn't so easy.

AMELIA ROSSELLI

BRIARS OF CHILDHOOD

❧

It's not the déjà vu that kills
it's the foreseeing
the head that speaks from the crater

ADRIENNE RICH

∽

A quel tempo ogni cosa
si spiegava con parole note.
Sillabe da contare sulle dita
scandivano il ritmo dell'invisibile.

Tutto era a portata di mano,
tutto comprensibile
e immediatamente dietro l'angolo
non si annidava ancora l'inganno.

La poesia era uno scrupolo
d'altri tempi, un muto richiamo
alla vera natura delle cose.
Così dissimulata da confondersi
con i palloni, con le bambole
dell'infanzia.

In quei tempi non c'erano disastri
da centellinare, difformità
da curare dentro abiti larghi,
padri da rifiutare e nomi
da pedinare in fondo agli stagni.

Finché non è arrivato il transito
a rivoltare le zolle su cui il passo
aveva indugiato, a rovesciare
il secchio dei giochi – richiamando
la poesia invisibile che mi circondava.

At that time everything
unfolded in known words.
Syllables counted on fingers
scanned the rhythm of the invisible.

All was within reach,
all comprehensible
and right around the corner
the trick had not yet nested.

Poetry was a concern
of other times, a mute appeal
to the true nature of things.
So disguised as to be confused
with the games and the dolls
of childhood.

At that time there were no disasters
to ration, discrepancies
to tend beneath loose clothing,
fathers to refuse or names
to follow to the bottom of ponds.

Until the transition arrived
to turn the earth on which the step
had lingered, to tip
the bucket of toys, recalling
the invisible poetry that surrounded me.

Non mi sono mai conosciuta
se non nel dolore bambino
di avvertirmi a un tratto
così divisa. Così tanto
parziale.

I never knew myself
except through that child
in pain. Suddenly
so divided, so very
incomplete.

Le vie del paese
erano sezioni compatte di buio
che si incrociavano a scacchiera.

La memoria del passo
si tramandava uguale
ad ogni incrocio.

Nelle sere d'estate
madonne portate in spalla
marciavano di casa in casa
e con indolenza assolvevano
peccati simili tra loro.

Erano strade piene di fede,
occhielli di ottone
e discrete finestre socchiuse.

Nella quiete di quelle strade
la malattia giunse d'agosto.
Travolse le madonne e gli occhielli,
ruppe gli incroci,
non diede il tempo
per chiudere le finestre.

The streets of the town
were dense squares of darkness
that met as on a chessboard.

The memory of a move
inherited equally
at each intersection.

On summer evenings
Madonnas shouldered
from house to house
idly absolved
interchangeable sins.

The streets were full of faith,
brass eyelets
and discreet windows ajar.

In the quiet of those streets
the affliction arrived in August.
It toppled the Madonnas, ousted
the eyelets, ruptured the crossings,
gave no time
to shut the windows.

Mi inchiodò sprovvista di fede
su una croce qualsiasi
della grande scacchiera.
Mi scoprì inadatta alla simmetria
delle proporzioni – alla retta
sempre fedele a se stessa.

Imparai così dall'imperfezione
degli alberi nel farmi ramo sottile
e spigoloso per tendere
obliquamente
alla verità della luce.

I nailed myself, faithless,
to the great chessboard.
Found myself unfit for the symmetry
of proportion – for the straight line
always faithful to itself.

And learned from the imperfection
of the trees to make myself a branch,
thin and sharp, to reach
sidelong
toward the truth of light.

La prima perdita furono le mani.
Mi lasciò il tocco ingenuo
che si addentrava nelle cose, le scopriva
con piglio bambino – le plasmava.
Erano mani che non sapevano
ritrarsi: mani di dodici anni,
mani di figli che tendono al cono
di luce – che non sanno ancora
giungersi in preghiera.
Mani profonde – come laghi
in cui nessuno verrebbe a cercare,
mani silenti come vecchi scrigni
chiusi – mani inviolate.

La prima scoperta furono le mani.
Ricevetti un tocco adulto che sa
esattamente dove posarsi – mani
ampie e concave di una madre
che si accosta alla soglia ad aspettare;
mani di legno e di fiori
di ciliegio – mani che rinascono.
Mani che sanno aggrapparsi anche
all'esatta consistenza del nulla.

The hands were the first loss.
The innocent touch left me, touch
that had explored things, discovered them
in the manner of a child – shaped them.
They were hands that didn't know
retreat: twelve-year-old child's
hands that tend to a cone
of light – that don't yet know
how to join in prayer.
Fathomless hands – like lakes
in which no one would come looking,
silent hands like ancient caskets
closed – clean hands.

The hands were the first discovery.
My touch became an adult's touch,
which knows exactly where to land.
The ample, concave hands of a mother
who arrives at the threshold and waits;
hands of cherry wood
and blossom – hands reborn.
Hands that know how to close
around the exact consistency of nothing.

La seconda perdita fu la luce.
La malattia mi tolse la vista
dei campi abbacinati dal sole,
la trama arsa e viva dei litorali
siciliani dei miei tredici anni.
Passai quegli anni tra i fili
di panni stesi divorati dal sole,
vasi sbriciolati di terracotta
dove steli di basilico e lavanda
si inerpicavano verso la linea
del cielo – quasi a raggiungerla,
a toccarla. La luce era tutto.

La seconda scoperta fu la luce.
Non la luce che accende i terrazzi
né quella che assottiglia le strisce
di costa, ma la luce delle case
al tramonto – che si mischia all'ombra,
la luce setacciata dall'intreccio
dei rami e quella che si schiarisce
a fatica dopo un temporale
– dopo un grave malanno.
Conquistai la luce intatta dei corpi
vergini – delle fonti d'acqua
perenni che nessuno sa.

The light was the second loss.
Affliction took away the sight
of fields dazzled by sun,
the burnt and living plot,
Sicilian coastline of my thirteen years.
I spent those years between lines
of clothes devoured by sunlight,
and crumbling terracotta pots
where stems of basil and lavender
climbed toward the line
of the sky – almost reaching
to touch it. Light was everything.

The light was the second discovery.
Not the light that ignites the terraces
and weathers the lines
of the coast, but the light of houses
at dusk – light that mixes
with shadow, that sifts through the lace
of interlocking branches, that lifts
after a storm, after an illness.
I mastered the undiluted light
of pure bodies – of perennial springs
whose source no one knows.

La terza perdita fu il perdono.
Avrei voluto scusarmi per i toni
accesi verso il tuo non comprendere,
la rara gentilezza dei miei
quattordici anni quando parlavi
senza premesse. Ma la colpa
non era di nessuno: non era tua
che mi indicavi il corpo e mi dicevi
di stare attenta, che non sarebbe stato
facile – non era mia che non riuscivo
a perdonare il tuo insinuarti
maternamente tra pelle e nervi
a scovare tutte le incertezze, gli stalli
che a quel tempo non avevo.

La terza scoperta fu il perdono.
Quando fui grande abbastanza
per capire cosa volesse dire
essere madre, un perdono tondo
e commosso provai per te, e provai
per le altre donne-bambine come me
e lo provai per me, che tenevo
fino a quel punto il filo rosso dell'infanzia
e da un giorno all'altro, adultamente,
non tenevo più.

꙾

Forgiveness was the third loss.
I wanted to excuse myself for the tone
I took at your incomprehension.
How rare my kindness at fourteen
when you spoke to me
with ignorance. But the fault
was no one's: not yours,
when you pointed to my body and said
to be careful, that it wouldn't be
easy. Not mine, when I failed
to forgive your mother-reach
between skin and nerves
to root out uncertainties,
doubts I did not yet have.

Forgiveness was the third discovery.
When I was big enough
to understand what it meant
to be a mother, a pardon swelled
and overcame me. For you, for
other women-children like me,
and for myself. I had held
the red thread of childhood
and from one day to the next
held it no longer.

Per anni ho provato a stanarti
dal doppiofondo umido delle mie
ossa. Sarebbe stato uno spremerti
via dagli occhi se solo ti avessi
trovata in tempo – invece è stato
un chiedere invano senza risposta.

Sarà che certe cose a quindici anni
non si possono ancora capire
– mentre tu in silenzio già strisciavi
nelle stanze disabitate
incorrotte del mio corpo.
Sarà che la voce interna fiorisce
solo a forza di strappi e toppe
mal ricucite – da lì sguscia l'anima.

Eppure seppellito sotto mucchi
di foglie secche un indizio c'era
– un debole presupposto
inavvertitamente esisteva:
il rifiuto del padre, il rigetto
della sua assenza – la sua voragine,
la preponderanza del ruolo
materno – l'ombra femminile
troppo a lungo riflessa.

For years I've been trying to drive you
out of the damp crawl space inside
my bones. With time enough,
I would have forced you out of sight
– instead I pleaded without answer.

True, certain things at fifteen
can't be understood
– how you slid, silently,
through the spare, uninhabited
rooms of my body.
True, the voice interred flourishes
only by force of rips and patches
poorly mended – the soul slips through.

Yet buried under piles
of dry leaves there was
a clue – a weak belief:
the refusal of the father, his rejection,
his absence – the chasm
of him. The maternal, refracted
– a woman's shadow
cast too long.

Fu nel vuoto che ti conficcasti:
una scheggia di legno mentre
si chiudono le finestre
che sbattono sole al vento.
Fosti il compromesso da accettare,
la voce interna da nutrire,
la preghiera da salmodiare
in ginocchio. L'ultima toppa
sgraziata da ricucire – sul cuore.

In through the skin:
a splinter's snag while
closing the windows
that held off the sun in the wind.
You were the injury to accept,
the inner voice to feed,
the prayer to chant
kneeling. The heart's last tear,
roughly mended.

Una volta l'anno discendevo
a te, madre, d'autunno.
Tu mi accoglievi con foglie
tra le mani che disperdevi
al vento ad ogni mio arrivo.
Capivi, madre, l'ordine nascosto
delle cose – così quando ai miei otto
anni sussurravi "figlia mia",
io ti rinnegavo tante volte
quante erano le foglie che svolavi.
"Siamo foglie d'autunno, figlia mia"
era il tuo unico, dolce monito.

Per i successivi dieci anni
discesi a te ogni autunno, madre
e ti vedevo, com'eri solita fare,
disperdere foglie e sibilare
tra le labbra nomi di donna
– nomi di figlia a me ignoti.

L'autunno dell'undicesimo anno
scesi a te, madre, ma non ti trovai più:
le foglie restavano ammucchiate
– non c'erano mani a liberarle nel vento.
Ti chiamai, sussurrai il tuo nome,
sciogliendo la verità in esso nascosta.

ഇ

Once a year I descended
to you, mother, in autumn.
You received me with leaves
in your hands, which you scattered
to the wind at each arrival.
You understood the hidden order
of things – so when I was eight
you whispered, "my daughter,"
though I disavowed
how many leaves were turning.
"We are autumn leaves, my daughter,"
was your only warning.

For the next ten years
I went down to you in autumn, mother,
and I saw you, as usual,
scatter the leaves. Between
your lips, the names of women
– daughter names I didn't know.

The eleventh autumn, mother,
I came down to you
but couldn't find you any more:
the piled leaves remained
– no hands to free them in the wind.
I called you, breathed your name,
releasing the truth hidden in it.

Quell'autunno al posto tuo,
in vece delle tue mani dispersi
le foglie, mi nominai al vento,
riemersi dall'inferno che mi moriva
in petto: fu così che mi arresi
al dolore dei nomi quando capii
che quel nome che andavi chiamando
era il mio, madre.

In your place that autumn,
instead of your hands scattering
leaves, I named myself to the wind,
forged from the fire
in my chest: that's how I surrendered
to the pain of names, when I understood
that the name you had called
was my own, mother.

Accadde che le ombre della mia infanzia
si addensassero attorno al mio letto,
afferrandomi le caviglie, facendosi
strada sulle gambe, scivolando sul ventre,
intrecciandosi infine sul petto.

Si dice che le anime orfane
vaghino di notte in cerca delle anime
madri – a cui riallacciarsi.
Ma le ombre che sostano sui muri
sono abbagli di morte imprevisti
– ti si incurvano addosso
a bisbigliare la morte di un caro.

A quel tempo non mancò nessuno
– eppure le ombre continuavano
a rantolare una perdita.
Fu allora che compresi tutto.

Bisognava che io morissi
per strappare il mio tempo
fermo dai cespugli dell'infanzia
– che lo lasciassi riprendere
anche senza di me.

Bisognava che affidassi il mio nome
agli spiriti bambini del passato
per lasciare il posto ad altri cespugli,
ad altre infanzie, senza ombre.

It happened that childhood shadows
gathered around my bed,
grabbing my ankles, making roads
up my legs, sliding over my belly,
intertwining finally on my chest.

It's said that orphaned spirits
wander by night in search
of mother-souls – to reconnect.
But the shadows lingering on the walls
are death's sudden blunders
– they bend over you
to whisper a loved one's passing.

No one was missing yet
– but the shadows continued
to gasp out a loss.
Then I grasped it.

I needed to die
to snatch back my time
blocked by the briars of childhood
– I had to let it resume
without me.

I needed to entrust my name
to the child spirits of the past
to make way for new growth,
for other childhoods, unshadowed.

All'inizio non ci piacemmo affatto.
Fu uno squadrarsi da lontano
come fanno i gatti di notte
gonfi e diffidenti – un po' goffi.
Le prime settimane tu sedevi
in fondo alle scale e mi fissavi
con lo sguardo di chi porta con sé
un segreto che non si può dare.
Allora avrei voluto strapparti
la bocca insieme alle parole
che nascondevi tra i denti.
Mi negavi persino la tua
identità – tacendo tutte
le parole si facevano mute,
le attese slabbrate, le stanze
all'improvviso enormi.

In realtà volevi darmi tempo.
Mi avevi protetta per diciotto anni
ed io non lo sapevo – vedevo
in quei silenzi una minaccia,
una beffarda provocazione
a indovinare quale pensiero
mi precludevi, quale angoscia
mi risparmiavi – sbagliavo.

೮

At first we didn't like each other at all.
Squaring off at a distance
like cats do at night,
hackles raised and wary – a little off-balance.
The first few weeks you sat
at the bottom of the stairs and stared
at me with the look of one who carries
an unshareable secret.
I'd have liked to tear off
your mouth and with it the words
wedged between your teeth.
You wouldn't even tell me
who you were – keeping all
the words gagged, mute.
The waiting gaped, rooms
suddenly huge.

Truth is, you wanted to give me time.
You'd protected me for eighteen years
and I didn't know – I saw
menace in those silences,
a mocking provocation
to guess what you kept
from me, what anguish
you spared me – I was wrong.

Così l'attesa era la tua.
Aspettavi da anni come si attende
la salute ai piedi di un malato,
come chi ha perso qualcuno
smaltisce il male sulle scale
di casa. Quegli occhi erano
una preghiera, un inno muto
alla rinascita.

Mi amavi ed io ti incolpavo il silenzio
– già sapevi che in quel silenzio
sarebbero germogliate
le verità più oscure. Più vere.

So the wait was yours.
You waited years
as at the foot of a sickbed,
as one bereaved
rids evil from the stairs
of the home. Those eyes
were a prayer, a wordless hymn
of rebirth.

You loved me and I blamed you
for the silence – you already knew
that silence would seed
the truths most dark. Most true.

∽

Quando nacqui mia madre
mi fece un dono antichissimo,
il dono dell'indovino Tiresia:
mutare sesso una volta nella vita.

Già dal primo vagito comprese
che il mio crescere sarebbe stato
un ribelle scollarsi dalla carne,
una lotta fratricida tra spirito
e pelle. Un annichilimento.

Così mi diede i suoi vestiti,
le sue scarpe, i suoi rossetti;
mi disse: "prendi, figlio mio,
diventa ciò che sei
se ciò che sei non hai potuto essere".

Divenni indovina, un'altra Tiresia.
Praticai l'arte della veggenza,
mi feci maga, strega, donna
e mi arresi al bisbiglio del corpo
– cedetti alla sua femminea seduzione.

ꝏ

When I was born, my mother
gave me an ancient gift,
the gift of the seer Tiresias:
to change sex once in my life.

From my first cry, she knew
that my growth was resistance,
rebellion against the body,
sibling struggle between spirit
and skin. An annihilation.

So she gave me her clothes,
her shoes, her lipstick;
told me: "take these, my son,
become who you are
if what you were cannot be."

I became a seer, another Tiresias.
I practiced the art of clairvoyance,
became sorceress, witch, woman,
and gave in to the murmur of my body
– yielded to her seduction.

Fu allora che mia madre
si perpetuò in me, mi rese
figlia cadetta del mio tempo,
in cui si può vivere bene a patto
che si vaghi in tondo, ciechi
– che si celi, proprio come Tiresia,
un mistero che non si può dire.

It was then that my mother
remade herself in me, bore me again,
second-born daughter of my time,
in which you can live well provided
you wander in circles
– hiding, like Tiresias,
an unutterable question.

C'è in noi un'antichissima madre
che abita la soffitta polverosa
e gli interstizi dimenticati dell'anima.
Ha la voce dell'abbandono
e un tono brusco che non ci si aspetta:
è dimentica delle buone maniere.
Una madre, sì, ma priva del tatto
rassicurante della menzogna.

Possiede una forma materna
e mani materne ed occhi
di madre e verità di cose
occultate che odorano
di terra e foglie secche.

È una madre antichissima
quanto il dolore e la paura
della morte: eppure ci giocavo
tra i cespugli dell'infanzia.

Vi ritornai una volta sola
per liberarla, e me con lei.
Fu l'ultima volta che la vidi.

Mi parlò con parole terribili
che scansavo da tempo,
non osavo ascoltarle.
Fu madre e padre insieme.

༄

There is an ancient mother in us
who lives in the dusty attic
and forgotten recesses of the soul.
She has a careless voice,
a brusque tone one doesn't expect:
forgetful of good manners.
A mother, yes, but without the touch
that delivers a reassuring lie.

She has a mother's form
and mother's hands and the eyes
of a mother and the truth
of hidden things that smell
of earth and dry leaves.

Such an ancient mother,
old as pain and fear
of death: yet I played with her
in the briars of childhood.

I went back there just once
to free her, and myself with her.
It was the last time I saw her.

She spoke terrible words
I'd long avoided –
I hadn't dared hear them.
She was mother and father together.

Mi fece il dono della pietà
e dell'accettazione: da secoli
attendeva che l'ascoltassi.
Le diedi infine ragione.

Così potei lasciarla andare
e, insieme a lei, le menzogne
dei miei diciannove anni.

Solo ora comprendo,
a ventidue anni e un nuovo nome,
quanto male avrei fatto
a rinnegare l'antichissima voce
che mi ha fatto salva la vita.

She gave me the gift of mercy
and acceptance: waited centuries
for me to listen.
I gave in, finally, to reason.

So was I able to let her go,
and with her
nineteen years of lies.

Only now I understand,
at twenty-two with a new name,
the wrong I would have done
had I denied the ancient voice
that saved my life.

ॐ

Il tono del bosco è femmina.
Dentro le tane, sui rami in alto,
nel folto dell'erba la specie
si propaga nell'umidità
di minuscoli grembi.
Se ci si accosta al bosco
si può sentire una calma materna
svuotare l'aria, quasi
uno scalpitare invisibile
di figli che salgono alla vita.
La salvezza del bosco
è poter scavare nella terra
gravida una cura – la possibilità
di rinascere senza darlo a vedere.
Il bosco è pieno di ancore
invisibili e madri silenti.

L'agosto di quattro anni fa
sono rinata in una piccola tana
– nessuno immaginava che sarei
andata nel bosco per ritrovarmi.
Sentivo di dover ripartire
dalla terra, dai rami, da un coro
di occhi, zampe e code inavvertibili
vivi in minuscoli petti pulsanti
a cui chiedere la loro intatta voce.
La soluzione ai miei silenzi.

The woods sings a mother's song.
In the burrows, in the branches above,
in the thick of the grass,
species propagate
in the wet warmth of tiny wombs.
If you approach the woods
you can hear her calm
clear the air, an almost
imperceptible rhythm
climbing into life.
The salvation of the woods
is to dig into the pregnant
earth a cure – to be
reborn without showing.
The forest is full of invisible
cords and silent mothers.

Four years ago, in August,
I was reborn in a little den
– no one imagined I would have
gone into the woods to find myself.
I felt I had to rise again
from the earth, the branches, the choir
alive in hidden eyes, paws, tails,
in tiny pulsating breasts,
to call on its whole voice.
The solution to my silences.

Rispose intonato il bosco. Che fosse
femmina lo sentii nel preciso
istante in cui – al riparo dai miei
stessi occhi – quell'agosto compresi
cosa volesse dire essere
femmina veramente.

The woods answered in tune.
I felt it feminine in the same
instant that – sheltered
from my own eyes that August –
I understood what it meant to be
a woman really.

⁂

L'altra nascita portò con sé
la distanza degli alberi
– la verde solitudine dei tronchi.
A noi parve – per così tanto tempo –
di non toccarci mai, mai raggiungerci
– per quanto ci protendessimo
l'uno fra i rami dell'altra –,
mai poterci dolere con foglie
solamente nostre – e che la tempesta
non rendesse indistinguibili.

Ci vollero diciannove anni
per prepararsi alla rinascita,
per trasformare la distanza tra noi
in spazio vitale, il vuoto in pieno,
il dolore in malinconia – che altro
non è che amore imperfetto. Aspettammo
i nostri corpi come si aspetta
la primavera: chiusi nell'ansia
della corteccia. Capimmo così
che se la prima nascita era tutta
casualità, biologia, incertezza – l'altra,
questa, fu scelta, fu attesa, fu penitenza:
fu esporsi al mondo per abolirlo,
pazientemente riabitarlo.

The first birth delivered
the distance of the trees
– their trunks' green solitude.
It seemed – for so long –
that we could never touch, never reach
– however we strained –
one from the branches of the other,
unable to hurt with leaves
only ours – that the storm
did not drive us together.

It took nineteen years
to prepare for rebirth,
to transform the distance between us
into living space, the void in full,
pain in melancholy – there is no other
but imperfect love. We awaited
our bodies as one awaits spring:
sealed in cortical anxiety. We understood
that if the first birth had been all
chance, biology, uncertainty – this other
was chosen, was anticipated, was penance:
baring self to world to abolish it,
to patiently reinhabit it.

Amatissima figlia
quando giocavi coi lacci del tempo
tra le dita, io guardavo
l'adolescenza tingerti di rosso
le mani e il volto.
Tu non mi vedevi.

Ignoravi la mia presenza
come si scansano i fantasmi
del passato o i moscerini.
Eppure c'ero,
c'ero prima di quando
tu potessi immaginare.

Risiedevo tra le nocche e le palme,
dove di rado posavi lo sguardo,
sulle maniglie delle finestre
socchiuse, a cui per natura
non ti accostavi.

Ho rinunciato a qualcosa
consegnandoti a questo mondo:
per esempio a un po' dell'anima
e all'innocenza che usavamo
come schermo ai graffi della vita.
Mi chiedo se saprai difenderti.

Beloved daughter,
when you played the strings of time
between your fingers, I watched
adolescence leave red stains
on your hands and face.
You didn't see me.

You ignored me, my presence
drifting like ghosts
of the past, or gnats.
But I was there,
I was there before
you could imagine.

I lived between the knuckles and palms,
where you seldom looked,
on the handles of windows
ajar, which you
skirted instinctively.

I gave something up in
delivering you to this world:
maybe a bit of the soul
and the innocence once
a shield from life's scratches.
I wonder if you can defend yourself.

Non ti ho dato un padre
ma spalle grandi, da voltare
su porte chiuse e sogni
che non ti realizzeranno.

Non ti ho dato un nome
né punti fermi su cui annodare
certezze e ancestrali stupori,
ma occhi che cercano la luce
laddove è solo buio.

Amatissima figlia
ritorno a te per farmi madre
di un'altra sconosciuta,
amatissima me
che mi è nata dentro quando
tutto il resto poteva mancare.

I gave you no father
but broad shoulders to set against
closed doors and dreams
that resist you.

I gave you no name
nor fixed points by which to chart
certainties and visions of the dead,
but eyes that seek the light
where there is only darkness.

Beloved daughter,
I return to you to mother
another mystery,
my dearest self
born inside me when
all else seemed lost.

Sono una madre atipica, madre
di una figlia atipica. Ci sono
voluti diciannove anni
per partorirti, c'è voluta
la fragilità che prende
a diciannove anni, l'ansia
adolescente di mettere mano
dietro le proprie paure. Forse
se non l'avessi fatto allora
non l'avrei mai fatto – fecondarmi
per ridiventare minuscola
materia di un corpo universale.

Il tuo pianto – lo sento ancora dentro –
è la voce miracolosa dei morti
che sale muta dalla terra,
il verbo che salva, che scuote
il pianto intimo dell'animale
– hai mai visto una bestia piangere? –
che non dà strazio, eppure c'è
minimo, docile, conficcato.

E forse, figlia mia, sei giunta di notte
quando le ore non hanno volto,
né pianto, né ombra di nome
per mostrarmi che in ogni vita
c'è un punto esatto che cede
ma anche un punto, più occulto,
che resiste.

∞

I am an atypical mother, mother
of an atypical daughter. It took
me nineteen years to yield you,
took the vulnerability one possesses
at nineteen, the youthful
apprehension in meeting one's own fears,
unarmed. Perhaps
if I hadn't done it then
I'd never have done it – made an infant
of myself to re-become, miniscule
material in a universal body.

Your cry – I still feel it inside –
is the miraculous voice of the dead
that rises mute from the earth,
the word that saves, that shakes,
the close cry of the animal
– have you seen a beast weep? –
not torment but presence –
minimal, docile, confined.

And perhaps, my daughter, you came at night
when the hours have no face
nor voice nor shadow of a name
to show me that in each life
there is a place of surrender
but also a place, protected,
that resists.

⁊

Baciai la terra quando seppi
che non eri più solo un'ostile
probabilità – e benedissi le ore
di struggimento in cui apparivi
imprecisata sulle pareti di casa
per un istante e sparivi.
Allora avvolsi il ventre con entrambe
le braccia, indicai il centro
della pancia – come a dirti che quello
era l'unico punto da cui
potevi arrivare – e nessun'altro.
Senza saperlo, ti fui già madre.

E quando le mie scelte furono le tue,
quando i tratti tuoi si sovrapposero
ai miei, vidi quella fragile natura
aprirsi, e radicarsi, e consolare.
Di tutto quel fondersi violento
capii che darti spazio non fu
annullamento né mutilazione,
non fu rinuncia, non negazione:
fu cederti lievemente il passo,
farmi fiaccola della tua luce.

I kissed the earth when I knew
you were no longer an outside
chance – and I blessed the yearning
hours in which you appeared
unfixed on the walls of the house
for an instant and disappeared again.
Then I wrapped my arms around
my belly, pointed to its center
– as if to tell you that this
was the only point from which
you could have arrived – and no other.
Without knowing it, I was always your mother.

And when my choices were yours,
when your features overlapped
with mine, I saw that fragile nature
unfurl, take root, and hearten.
Out of all that violent merging,
I understood that making your clearing
was not negation or mutilation;
it was not renunciation, not annulment:
it was giving way to you lightly,
making myself a torch for your light.

Mi spiegarono la differenza
tra uomo e donna – le caratteristiche
elementari del maschio
e della femmina. Non mi rivelarono però
a quel tempo cosa
si trovasse nel mezzo, all'incrocio
imprevisto tra i due sessi.
Crebbi con una dicotomia nelle ossa
nel perenne adattamento all'una
o all'altra identità.

Solo dieci anni dopo compresi
che esattamente nel mezzo
– indefinita, sfumata, disforica –
c'ero proprio io.

so

They taught me the difference
between man and woman – the simple
math of masculine and feminine.
At that time they revealed
nothing of the middle,
of the unpredicted intersection
between us.
I grew up with a bone-deep divide
between the endless adjustments
to one or the other identity.

Ten years later I understood
that right in the middle
– blurred, nuanced, dysphoric –
I was precisely there.

∞

Le nocche delle tue mani
si muovevano a un ritmo che variava
sul tavolo da pranzo. Una cadenza
che mi cullava nelle ore insieme
– presagibile come una cantilena.

Ma quando la mamma ti confessò
a cena il mio segreto, quell'agosto
il movimento mi terrorizzò:
fu un chiudersi rapace, ferito
come le valve di un mostro marino
scosse dalla luce. "Ma cosa dici,
non è possibile che nostro figlio…"

E anche se nel frattempo hai imparato
a convivermi, a darmi un nome
qualcosa di nevrotico agita
ancora nel profondo le tue dita.

Da allora non guardo più le tue mani.
Temo che possano chiudersi
improvvise, che possano ferire
come il pianto incrinato
di un adulto.

⁊

The knuckles of your hands
tapped out a changing rhythm
on the dining table. A cadence
that rocked me in our shared hours
– something like a lullaby.

But when mamma confessed
my secret at dinner that August,
the movement terrorized me:
it was a painful, predatory closure,
like the valves of a sea monster
seized by the light. "What are you saying?
It's not possible that our son…"

And even if you've learned
to live with me, to give me a name,
something still agitates
deep in your fingers.

I don't look at your hands anymore.
I fear their sudden closure,
jagged as a grown man's cry.

È singolare come l'adolescenza
fu tutta un chiamarsi di corpi,
un vociare di mani alla ricerca
di sagome appena esposte alla luce.
Mai quiete le fragili esistenze
vicinissime al dolore e non saperlo.
Forse l'azzardo della gioventù
ci rendeva inesausti a proiettarci
fra due braccia per sentirsi uno,
così ingenui a fidarsi ciecamente
dell'altro. Così sciocchi da affidargli
la vita. Eppure un senso affiorava,
ci rinsaldava l'anima alla terra:
sfumavano i nostri tratti nell'eternità.
Ma quando il mistero d'infinito si sfaldò
– che ci ancorava avidamente ai giorni –
non ci rimase che quel dolore,
nostro inconosciuto compagno.
Certo, eravamo ancora intatti,
ma – così vicino, così rassicurante –
fu più facile per noi credere
trovare l'ultimo scampolo di ingenuità
nella sua pacata afflizione.

And singular as adolescence,
it was all a calling of bodies,
a clamor of searching hands,
a flash of silhouettes.
Unquiet, fragile presences,
straying thoughtlessly so close to pain.
Maybe the gamble of youth
made us tireless, launching ourselves
between two arms to feel as one.
So naive as to trust one another
without question. So foolish
as to bet on our lives. A sense
emerged that grounded our souls:
softened our features into timelessness.
But when the infinite mystery broke open
– time's greedy anchor –
nothing remained but that pain,
our formless companion.
In truth, we were still intact,
but – so close, so reassuring –
it was easier for us to seek
a last scrap of innocence
in its clement torment.

Al mio paese esiste una parola
nitida come un chiodo
un motivo che scongiura il male.

"*Scansatini*" è una preghiera,
un inno altissimo alla preservazione
di se stessi. "*Fa' che non accada*",
sentivo bisbigliare spesso
"*Fa' che non diventi così*", e poi
all'improvviso le labbra si serravano
e le parole assumevano un accento
arcano, quasi inviolabile.

Eppure gli "*Scansatini, Signuri*"
tornarono uno ad uno: il male
da scansare fu concepito tutto
nel mio grembo – ma non ci furono nuovi
spergiuri da formulare, parole
che annullassero parole, mani
da alzare al cielo per fingersi
inutilmente sorpresi, feriti.

❧

There's a word in my part of the world
that's sharp as a spike,
a spell to ward off evil.

"*Scansatini*" is a prayer,
a high hymn of self-
preservation. "*Don't let it happen,*"
I often overheard,
"*Don't let it be so,*" then
suddenly the lips would tighten,
the words become arcane,
almost sacred.

Yet the "*Scansatini, Signuri*"
drove in one by one: the evil
to avoid was everything conceived
in my womb – but there were no new
perjuries to concoct, no words
that could undo their words, no hands
to raise to heaven in surprise
to play the injured party.

Allora ci fu solo da sbrogliare
gli anni subìti, mettere a posto
le parole e liberare all'aperto
quello che a mani giunte si temeva.
E quel mostro che in tanti anni
avevo allontanato, fu assai più
docile quando, abolite le catene,
lo presi infine per mano.

All that was left was to set
the suffered years in order, to put
the words in their place, to clear
a space for that which I'd feared
with clasped hands. And that monster
I'd run from all those years
was so gentle when, unchained,
I finally took its hand.

THE TRACE OF THE PASSAGE

❧

There was scarcely anything left of body or mind by which one could say, 'This is he,' or, 'This is she.'

VIRGINIA WOOLF

Dev'esserci stato in questo corpo
un punto scoperto, indifeso
un angolo lasciato illeso,
un grumo di nervi intoccato.
In quel punto noi ci incontravamo,
rifuggivamo da chi non capiva
additandoci l'incomprensione del mondo.
Solo lì avevamo il diritto
di amarci senza presupposti,
senza congetture – solo lì
ci conoscevamo davvero.

Dev'esserci stato in questo corpo
un ponte ancora in piedi,
un traliccio telefonico
a recapitarti la mia chiamata.
Dev'esserci un muro senza ombre
di morti, un rifugio dove scappare
sempre – in questo corpo.

Come in ogni guerra la terra
cede, si annullano gli spazi,
i punti si allineano tutti uguali,
saltano le forme, le comunicazioni.
Ciò che resta si raggruma indistinto.

፨

There must have been, in this body,
a defenseless point exposed,
a corner left unscathed,
a cluster of nerves untouched.
That was where we met,
shunned those who didn't get it,
accused the clueless world.
Only there we had the right
to love each other without assumption,
without guesswork – only there
we really knew each other.

There must have been, in this body,
a bridge still standing,
a cell tower
to deliver my call to you.
There must be a wall unshadowed
by the dead,
a certain haven
– in this body.

As in any war, land
is ceded, spaces voided,
points remain fixed
but forms and connections shatter.
What remains huddles indistinctly.

Da quando il corpo ha cominciato
a mutare, ogni punto è una parete
sfondata. Non ci sono più angoli
inviolati a contenerti.

Since the body began
to change, each point is a torn
partition. No sheltering angle
to contain you.

❧

Era come avere dieci anni
scoprire il gioco delle forme
sotto le pieghe del maglione,
il gonfiore nitido dei seni
doloranti il lunedì mattina
e chiedersi il perché.

E forse si tornava bambini
nell'immaginare allo specchio
le traiettorie di vite future,
le tracce sul corpo adolescente
di un sotterraneo divenire.

Così all'età di vent'anni
il mio corpo ne mostrava dieci:
dieci i piccoli seni,
dieci i fianchi sottili,
dieci le mani mai quiete
in puerile agitazione,
dieci i sessi atrofizzati
incapaci a un tratto
di evocare desiderio.

It was like being ten
and discovering the figure's play
beneath the sweater's folds,
the breasts' sharp swelling
tender on Monday mornings,
and asking yourself why.

And maybe we were children again,
imagining in the mirror
the trajectories of our lives,
traced on the adolescent body,
an underground becoming.

Like so, at twenty,
my body appeared ten:
ten, the small breasts,
ten, the slight hips,
ten, the hands fidgeting
in childish agitation,
ten, the sex atrophied,
suddenly incapable
of expressing desire.

Era un rimettersi in gioco
di subdola perfidia
sconvolgere tutti quanti i piani.
Cambiare all'improvviso guardaroba.
Imparare a truccarsi a vent'anni.
Avere dei tacchi a ventuno.
Dubitare di sé a ventidue.

Tornare poi allo specchio
e scoprire che qui, proprio qui,
sotto questi seni e questi fianchi,
dietro la maschera di trucco
e dentro i tacchi alti
qualcuno qui c'era,
per un po' c'è stato
e poi all'improvviso
non è stato più.

Desiderare infine
di avere dieci anni
per ricominciare tutto da capo.

It was a return to the play
of subtle betrayals,
upsetting everyone's plans.
A quick change of clothes.
Learning to wear makeup at twenty,
heels at twenty-one,
insecurity at twenty-two.

Turn back to the mirror then
to find that here, right here,
beneath the breasts and hips,
behind the makeup mask,
inside the high heels,
someone was here
for awhile
and then abruptly
wasn't anymore.

Finally, wish yourself
ten years old again,
to start all over.

Nelle stanze che hai pervaso per formarti
il carattere ti ritrovo, di rado.
Negli specchi di polvere
che da allora non usi.

Più per infantile diniego
che per paura del poi
sei rifuggita all'improvviso
dalla memoria delle cose.

Alla casa del padre hai preferito
per sottrazione la casa della madre.
A tutte le cose tangibili, la parola
hai anteposto. Il diritto al silenzio
che scende come una promessa d'oblio.

Pensavo scherzassi quando dicevi
che di te neppure il nome sarebbe
rimasto qui. L'essere al mondo – dicevi –
non vuol dire necessariamente vivere.

Ti ho vista indagare a lungo
le ragioni del tuo vero essere
come un fuscello sonda le torbide
superfici di uno stagno.

એ

In the rooms you once filled to form
yourself, I rarely find you.
In the dusty mirrors
you don't use anymore.

More in childish denial
than fear of the past,
you turned abruptly
from the memory of things.

At the house of the father, you preferred
by subtraction the house of the mother.
Ahead of all tangible things,
you placed the word, the right to silence
that envelops like oblivion.

I thought you were joking when you said
not even your name would remain.
To be in the world – you said –
doesn't necessarily mean to live.

I've long seen you seeking
the reasons for your true being
as a twig probes the murky
surface of a pond.

Con un gesto deciso di stizza
hai infine lavato via le tracce
dei tuoi pochi anni dalla ruota
sbilenca dei giorni.

Ma a volte mi capita di vederti
nelle stanze vuote di un tempo.
In quegli specchi di polvere
in cui non ti specchi più.

Talvolta il terrore dell'assenza
mi sconvolge – quando mi accorgo
che lo spazio che occupa il mio corpo
era esattamente il tuo. Con me
porto anche le tue radici.

Per quanto intangibile tu sia ora,
ti rivedo. Ti ritrovo ovunque.
Eri me quando bastava solo
un soffio distratto di vento
per spezzare il ramo.

At last, with a decisive gesture
of irritation, you washed the traces
of your few years from the imbalanced
wheel of days.

But on occasion I happen to see
you in the past's empty rooms.
In those dusty mirrors that no longer reflect you.

Sometimes the terror of absence
rocks me – when I recognize
that the space my body occupies
was yours exactly. I carry
your roots with me too.

As intangible as you are now,
I see you. Find you everywhere.
You were me when
an errant breath of wind
was enough to snap the branch.

⌘

Sono stata così vicina al silenzio
del corpo da vederlo quasi
scomporre tra le mani.
Un pezzo alla volta tace,
si dimentica d'esser vivi
come si tacciono le date,
i nomi con cui ci chiamammo.

Vorrei avere la memoria
delle cose dimenticate in soffitta
insieme alla gioia fanciulla di chi
le riscopre un giorno, per caso,
quando ha già smesso di rovistare.

Per il mio corpo cerco lo strepito
inatteso fra i giuncheti. Un vociare
d'ali non previsto mentre si scende
verso il lago – sul sentiero.

Non desidero la benedizione
dei calendari, di tutti gli eventi
che esistono fino a una certa ora,
degli orologi che sanno
esattamente dove indicare.

ᏒᏅ

I've been close enough to the body's
silence to see it almost
fall apart in the hands.
One part at a time goes quiet,
forgets to exist,
passes into silence like dates
and dead names.

I wish I had some memory
of things forgotten in the attic,
along with the girlish joy
of rediscovery, one day, by chance,
having quit rummaging.

I search my body for a sudden
noise in the reeds. A clamor
of wings while descending
toward the lake – on the path.

I don't want the blessings
of calendars, of events
that exist up to a certain hour,
of watches that know
exactly where to point.

Mi trovi già altrove. Sulle cime
dei giorni oltre le possibilità
dove si crede mai nulla
succeda, eppure un mistero
accade. Come questo corpo
non concluso in cifre e date,
non atteso sulle rive dei laghi
da nessuna ala, non ritrovato
per caso perché impossibile
da abbandonare. Eppure accade.

Find me elsewhere already. At the peak
of days beyond the possible
where nothing is ever believed
to happen, yet a mystery
happens. Like this body,
not finished in figures and dates,
not expected on the shore of the lake
on any wing, not found
by chance because impossible
to abandon. Yet it happens.

La verità è che i nomi ci scelgono
prima ancora di pronunciarli.
Sulle pareti, a ridosso delle strade,
nei vasi di garofani e ortensie,
sulle strisce d'acqua che rigano
le finestre al mattino, sulle
scarpe allacciate, sui pulsanti
dei campanelli, nelle stazioni
in disuso. Su tutto si coagula
un nome. Tutto ne risplende.

E chi fugge dai nomi sappia
che non si sfugge alla nominazione
perché i nomi legano in nodi
di verità strette da calzare,
costringono in sillabe da pronunciare
a detti stretti. Da far male.

I nomi che mi hanno scelta
non trovarono angoli da rischiarare.
Cessarono presto i significati
mentre ero intenta a scavare in ogni
lettera. Speravo nelle eccezioni,
in costrutti arcani da indagare
per darmi un senso.

The truth is names choose us
even before they're pronounced.
On the walls, at the curbs,
in the vases of carnations and hydrangeas,
in the lines of water that streak
the windows each morning, in
the laced-up shoes, on the buzzers
of doorbells, in the abandoned
stations. On everything a name
gathers. It shines from everything.

And one who flees names knows
that none escape being hailed,
that names tie knots
of truth cinched tight,
constricted syllables shaped
too tight to talk. Shaped to hurt.

The names that chose me
found no corners to illuminate.
Their meanings receded
as I dug into each
letter. I was looking for loopholes,
for arcana to examine
to make sense of myself.

Ci rinunciai e con loro
all'arroganza della definizione.
All'insensatezza di attenersi
alle parole per vedere la realtà.

La verità è che la realtà
dormiva a un palmo dal naso
sepolta da un cumulo muto
di nomi.

I renounced them and with them
the arrogance of definition.
The foolishness of searching
words for truth.

The truth is reality
slept right under my nose,
buried in a mute heap
of names.

La traccia del passaggio – mi dici –
da qui non si vede. Non è evidente.
Tu non sai, ma ci sono solchi
estranei alla luce degli occhi.
Benedico il tuo non comprendere,
l'innocenza con cui ti arresti
un poco prima del dolore
– l'istinto di tirarti fuori.
Non chiedere: non ho sintagmi
con cui adornare la realtà delle cose.
Non ho perifrasi per salvarmi.

La traccia del passaggio – non la vedi
perché il mio sentiero è troppo
stretto per starci in due.

∽

The trace of the passage – you tell me –
isn't visible from here. It isn't clear.
You don't know, but there are tracks
foreign to the eye.
I bless your ignorance,
the naivete with which you stop
yourself at the border of pain,
– the reflex to remain outside it.
Don't ask: I have no phrases
to dress up the reality of things.
No glosses with which to save myself.

The trace of the passage – you don't see it
where my path is too narrow
for two to walk together.

Tremano le scaglie di pelle
quando ti accosti piano. Nell'ombra
avvertono che tu capisci.
Ma dove ci nascondemmo
nulla è rimasto – qualche calcinaccio
ancora vibra allo sconforto
del tempo che non torna.
La malattia ha corroso i boschi
vergini in cui scordavamo i nomi.
Qui non c'è posto per fingere:
svanito il mistero ci scopriranno tutti.
Dovrai allontanarti da questa pelle
che ti riconosce, singulta
al tuo arrivo la carne – ti prega
di lacerarla pezzo a pezzo
per darle l'inconsistenza del volo.
Non c'è più spazio per noi.
Per questo corpo che si apre a te
in un coro di mani fanciulle.
Vedranno gli altri che non è
solo pelle questa bassa coltre
che soffoca e spaesa il cuore.
Non capiranno: scorgeranno gli occhi
del mostro. Lo guarderanno in faccia,
cercheranno la paura come si fa
con un prodigio. Pregheranno
di vederlo ruggire e soffiare fiamme.

The molting skin trembles
at your slow approach. In shadow
it warns what you know.
But where do we hide
with nothing left – crumbling plaster
still shakes with the tremors
of irretrievable time.
A malady has corroded the virgin forest
in which we gave up our names.
There's no place here to pretend:
when the mystery's gone, they'll discover us.
You'll have to shed this skin
that knows you, chokes
at your body's arrival – begs you
to rend it piece by piece,
to loosen it into flight.
There's no more room for us.
For this body that opens to you
in a chorus of delicate hands.
Others will see it isn't
just skin, this low fog
that suffocates and disorients the heart.
They won't get it: they'll see the eyes
of a monster. They'll stare it down,
afraid as one is
of a wonder. They'll pray
for a roar in a blast of flame.

Ma li stupirà di più ascoltare
piano un silenzio imprevisto di morti:
questo a loro farà più terrore.
Uno strepito vuoto nel nulla.

Tu resti. Così la pelle sconquassa
in marea e il corpo s'apre
a voragine. Inghiotte tutti
in un gorgo verticale d'odio.

Rimaniamo soli, come allora,
e il peso della pelle si screzia.

Questo – dici – è il male necessario
all'accettazione.

It will shock them more to hear
an unexpected deathly silence:
it will terrorize them.
The empty noise of nothing.

You stay. And so the skin breaks
down in the tide and the body opens
to chasm. It swallows all
in a whirlpool of hatred.

We remain alone, now as then,
skin bruised by its own weight.

This – you say – is the necessary evil
of acceptance.

Il corpo non dimentica la traccia
del ferro – è una via da aprirsi per fare
luce, per tornare alla terra,
al tronco materno, al fiume.

Si è lavato il corpo col pianto.
I nodi di pelle sono stati sciolti
da mani di feltro – preparate
le ultime cose.

Si è rinunciato per amore
al nome dei padri. Alla retta
che genera si è preferita
la conca di legno, che accoglie.

Si è atteso il ferro, e l'ago
e il sonno che viene
come una cura. Per rinascere
si è atteso una vita intera.

La natura si è nascosta
dove poteva essere trovata
ma nessuno confidava
nei suoi buoni propositi.

എ

The body doesn't forget the trace
of iron – it's a path that opens
into light, a return to the earth,
the maternal trunk, the river.

One has washed the body with tears.
The knots of skin have been loosened
by hands of felt – the last
things prepared.

One has given up, for love,
the names of the fathers.
One prefers the wooden hollow
to the family line.

One has awaited the iron, the needle,
the sleep that arrives
like a cure. To be born anew,
one has waited a lifetime.

Nature hid itself
where it could be found,
but no one trusted
its good intentions.

Il ferro ha inciso profondo,
ha frugato tra i rami, nel sangue,
l'ha portata fuori. Alla viva luce
si è compiuta la nascita.

Il corpo non dimentica la traccia
del ferro che taglia per liberare:
è un gesto atavico, primordiale.
La via si è aperta, la luce
torna alla madre, all'albero,
e la terra si congiunge alla terra.

Ma le cicatrici restano e neppure
quelle il corpo dimentica.
È come se la natura, liberata,
vi ballasse ora adagio sopra
a ricordarci che mai a niente
si rinuncia per sempre.

The iron cut deep,
searched the branches, the blood,
delivered her. In bright light,
the birth was carried out.

The body does not forget the trace
of iron that cuts it free:
it's a simple, primordial gesture.
The path has opened, the light
returns to the mother, to the tree.
The earth returns to the earth.

But the scars remain, not one
of which the body forgets.
It's as if nature, freed,
dances gently across
the body to remind it that nothing
is sacrificed to anything forever.

એ

Bisognava perdonarlo questo mondo
quando mi davi del «miracolo»,
tutte le volte che hai tirato in ballo
il caso per il mio esserci e perdurare.
Essere uno «scherzo di natura»
per me è stata la più alta prova
di un amore incondizionato
nell'inchiodarti alla tua debolezza.
La mia è stata di capitare qui
con la voglia bambina di tenermi
in disparte, di non mescolare
le parti, prepararmi in sospeso
per il gran finale.

Bisognava perdonarlo questo mondo
per sfuggire al dolore della predestinazione,
perdonarlo di nuovo, e ancora.
Ancora una volta dimostrargli
tutto lo stupore della vita
anche quando pareva negata.

❧

This world had to be forgiven
when you called me a "miracle,"
each time you debated the case
of my existence and persistence.
For me to be a "freak of nature"
was the greatest test
of an unconditional love,
nailing you to your weakness.
Mine, the childish wish to stay
distant, not to integrate
the parts, to suspend myself
for the grand finale.

This world had to be forgiven
to escape the scripted pain,
forgiven anew, and then again.
All the wonder of life
had to be proven again,
even when it seemed refuted.

Ho l'abitudine di pulire
gli oggetti usati dopo averli comprati.
Mi convinco che l'acqua possa
cancellare la memoria di un uso
improprio e che restituisca
ad ogni cosa la sua giusta luce.

Così quando dovevo consegnarti
il mio corpo ho lavato via
all'acqua corrente le forme
a te ignote. Le impronte residue
di qualcosa che non avresti capito.

A vent'anni mi sono battezzata a te
e all'ingenuità delle forme semplici,
basilari. A te è bastato questo:
non ti è venuto in mente di osservarmi
da vicino, di girare gli occhi
verso l'acqua. Così io non ti chiedo
se ti sembro diversa né tu
me lo dici.

I have a habit of cleaning
used items after buying them.
I'm convinced that water
can clear the memory
of improper use and restore
to each thing its light.

So when I was supposed to deliver
my body to you, I washed
its contours under running water.
The lingering prints of what
you wouldn't understand.

At twenty I was baptized to you,
to the innocence of simple, basic forms.
For you, this was enough:
it didn't occur to you to look at me
up close, to turn your eyes
toward the water. So I don't ask you
if I look different, nor do you
tell me.

Anche l'organo ritrovato
è una ferita che si apre in verticale.
Il vessillo di un corpo-bosco
che muore e rinasce a pezzi.
Ho imparato l'arte del mettere
da parte – giorni, anni, parti
del corpo in disuso, nomi, mani.
Trattenuti in un solo posto.
Li ho liberati con quel taglio
che si protende da parte a parte
– un parto che si compie dormendo.
Ho vendicato, ho svuotato,
qualcosa ho perso, ho ritrovato
ma due mani a volte non bastano
a richiudere i lembi. Due mani
che mimano nel vuoto quello
che appariva un tempo
a volte non sono abbastanza.

Così anche l'organo ritrovato
è una ferita.

∽

Even the recovered organ
is a wound that opens vertically.
The banner of old growth
that dies and is reborn in pieces.
I learned the art of putting
aside – days, years, disused parts
of the body, names, hands.
Held them in one place.
I freed them with that cut
stretching from here to there
– a birth that took place while I slept.
I avenged, I emptied.
What I lost, I found again,
but two hands aren't always enough
to hold the edges closed. Two hands
that mimic in the void
what once appeared,
sometimes they're not enough.

So even the recovered organ
is a wound.

«*Transessuale* è una parola terribile.
Mi inganni» dici. «È così –
rispondo – è sempre stato così».
Distogli i tuoi occhi dai miei,
li volgi alle mani, alla tazzina
di caffè piena per metà, al piede
destro del tavolo, all'insegna del bar
dove mi hai dato appuntamento,
all'auto che ti sfreccia accanto
in strada. Queste cose a cui ti appigli
non ti daranno alcuna salvezza.
«È solo che non si capisce – esiti –
a vederti sembri una *normale*.»
Può bastare: mi alzo e mi prendo
il sacrosanto diritto di sembrarti
diversa da tutte le altre.

Mentre mi allontano s'insinua
un'amara soddisfazione:
Essere *normali* – sorrido – come
suonano vuote queste parole.

⁊

"*Trans* is a terrible word.
You're messing with me," you say. "That's it,"
I answer. "It's always been like this."
You avert your eyes from mine,
turn them toward your hands,
to the half-full coffee cup, to the table's
right foot, to the bar sign
that told me where to meet you,
to the car hurtling past you down
the street. These things you cling to
won't save you.
"It just doesn't make sense" – you hesitate –
"To look at you, you look *normal.*"
That's enough: I get up and take with me
the sacred right to appear to you
different from all the others.

As I leave, in creeps
a bitter satisfaction:
To be *normal* – I smile – how
the word rings hollow.

Il simbolo del corpo transessuale
è la pillola. Tonda, compatta,
friabile alla saliva, anonima.
La scambieresti per una caramella
alla menta o per un'aspirina.
C'è quella del mezzogiorno
e quella della sera. Quella
che serve a riempire i fianchi,
abbozzare i seni e rendere
un po' madre e un po' bambina.
C'è poi quella necessaria
ad addolcire i tratti maschili,
creando valli, pendii e docili
insenature. La trasformazione
si compie ad ogni peristalsi.
Ogni giorno qualcosa cade,
rotola, rompe, butta giù,
trasforma – senza che me ne accorga.

La pillola crea un solco nel corpo.
Un'abitudine alla mutilazione.
Scende attraverso la peristalsi,
salvifica, sempre più giù
mentre un flusso chimico travolge
con violenza muta, scardina.
Sotto il sottile confine di carne
la pillola riempie, persino consola
eppure un incolmabile vuoto
si ostina a restare.

The symbol of the trans body
is the pill. Round, compact,
dissolving in saliva, anonymous.
You could mistake it
for a dinner mint or an aspirin.
There's one for noon
and one for evening.
One that fills out the hips,
sketches the breasts, renders
a little mother and a little girl.
Then there's the crucial one
that softens the masculine features,
creates valleys, inclines, and gentle
inlets. The transformation
rides in on each contraction.
Each day something falls,
rolls, breaks, knocks down,
transforms – below my notice.

The pill creates a groove in the body.
A habit of refigurement.
It descends through peristalsis,
redeeming, lower and lower,
a chemical flood
of mute violence, unhinging.
Under the thin border of flesh
the pill fills, even consoles,
but an unbridgeable void
persists, insisting.

Potresti essermi sorella
di carne, intrecciata per le costole.

La delicata cadenza delle mani
a sfiorare il mento, il collo, il viso
la riconosco. Un tempo era mia.
Così costruisci la tua identità,
proteggi i segni di un esistere
antico. Un filo di barba residua,
lo sporgere virile delle clavicole,
la fossa concava del mento,
il pomo che inchioda alla colpa.

Incontro i tuoi occhi sfuggenti
come anguille. Tu non mi guardi
eppure so che già vi è entrata
la morte – madre dell'abbandono.
Ti direi di posarle quelle mani,
di scioglierle lungo le gambe.
Urlerei a tutti che potrei esserti
sorella per mescolare alle mie
le tue dissonanze. Per annullarle.
Per mostrarti con le mie stesse mani
quanto tutto questo giro di apparenze
ha così poca importanza.

You could be my sister
of flesh, braided at the ribs.

I recognize the hands' gentle
rhythm against the chin, the neck, the face
I know. It was once mine.
So construct your identity,
defend the signs of a past
existence. A trace of beard,
the collarbones' sharp protrusion,
the cleft of the chin,
the throat's guilty apple.

I meet your eyes, shifting
like eels. You don't look at me,
but I know that death has entered
already – mother of abandonment.
I'd tell you to lay those hands on her,
to loosen her legs.
I'd scream at everyone that I could be
your sister, merge your dissonances
with mine. Cancel them.
Show you with my own hands
how this shifting appearance
matters so little.

Ma poi la metro si ferma. Tu
scendi nei tuoi passi frettolosi
ed io rimango con un grumo
di parole che non riesco a dire.

But then the metro stops. You
descend with your quick steps
and I'm left with a lump
of words I cannot say.

Un corpo transessuale come
si lega a un altro corpo?
Mi chiedi se un corpo transessuale
può star bene tra le braccia
di un corpo normale. Può trovare pace
una pelle disforica al contatto
di membra sane? Può contagiare?
M'incalzi se un corpo diverso può
far ridere o ammutolire. Se la vergogna
è tutta dentro o in qualche punto
traspare, come una voglia screziata.
Bisogna stare attenti alle deformità,
chiedere perdono per l'imprevisto?

Mi chiedi. Ti infuri, anche.
Non rispondo.

Il fatto è che un corpo come il mio
quando s'incastra a un altro corpo
non è più transessuale. Quando
si lega a una carne che accoglie
forse non è più nemmeno un corpo.

ೇ

How does a trans body connect
with another body?
You ask me – if a trans body
can feel good in the arms
of a normal one. Can dysphoric
skin feel peace on contact
with healthy limbs? Can it infect?
You press me – does the body's
difference make people laugh
or fall silent? Is the shame
all inside or does some
shine through, like a birthmark?
Must one be vigilant about the deformity,
ask forgiveness for the surprise?

You ask me. Even get angry.
I don't answer.

The fact is that a body like mine
when it fits into another body
is no longer trans. When
it connects with a body that welcomes it,
it is perhaps no longer even a body.

℘

Ho sempre orinato in piedi.
Ho imparato ad espellere i fluidi
in piedi e per diciannove anni
ho sempre orinato così.

A vent'anni non ho più orinato
in piedi: mi sono seduta.
Non che fossi operata, non che fossi
già evirata: l'organo non era
mutilato. Intatto, orinava
come aveva sempre orinato.
Questa volta seduto, accovacciato.
Dopo vent'anni rifunzionalizzato.

Credono che la conquista di un corpo
transessuale sia l'alterazione del visibile.
Un corpo gonfiato, manipolato
che appaia quasi irriconoscibile.

Sedersi senza deformare è in verità
l'atto più sincero. Più rivoluzionario.
La manovra più difficile.

I always pissed standing up.
I learned how to piss
standing and for nineteen years
I pissed like that.

At twenty: I sat down.
Not that I was operated on.
The organ wasn't altered.
Intact, it was pissing
as it had always pissed.
This time sitting, squatting.
After twenty years it was reworked.

They say the trans body's achievement
is in the alteration of the visible.
A transformed body,
almost unrecognizable.

In truth, sitting as you are
is the most sincere act. More revolutionary.
The most difficult maneuver.

Sedersi e scoprire che il corpo
non si mortifica se cambia approccio
alla normalità – la sessualità
è tutto un groviglio da districare
nella mente – che non serve a niente
dilaniarsi pezzo dopo pezzo il corpo
per renderlo accessibile
se non si riesce a sedersi
con se stessi. Se non si è in grado
di consolare quell'intima diversità
che ci ha costruiti macchine perfette
benché contro la nostra piccola volontà.

Sit down and find the body
unmortified by a new
normalcy – gender
a tangle to unravel
in the mind – useless
to rend the body piece by piece
to make it passable
if you can't sit down
with yourself. If you can't
nurture the tender chaos
that built us, perfect machines,
even against our little wishes.

Non ho ferite che appaiono. I miei
dilemmi sono annidati ben oltre la carne.
Eppure chi mi definisce addita
il corpo come sola dimensione possibile.
Come se la colpa fosse tutta
tra le gambe o nel tono della voce,
in un cromosoma destinato
a dover restare tale e quale.
Risulta più difficile scovare
le menomazioni della mente,
determinare con esattezza
le idee che regolano l'identità,
l'umore, l'amore che ci tiene in piedi.
Ma il corpo non mente: non nega
la sua terrosa concretezza,
non allude, non travisa, c'è
e si espone, materializza.
Il corpo è solo, perciò è esatto,
circostanziato, dunque corruttibile.
E questa è sua debolezza
e sua corticale potenza.
Assediata, piegata, avvilita
è l'unica forma sana che mi rimane.

I have no visible wounds. My
dilemmas reside beyond the flesh.
Yet those who define me declare
the body the only possible dimension.
As if the fault were all
between the legs or in the tone of voice,
in a designated chromosome
that must stay just as it is.
It proves more difficult to chart
the challenges of the mind,
determine exactly
the ideas that shape identity,
temperament, the love that keeps us standing.
But the body doesn't lie: it doesn't deny
its earthly concreteness,
it doesn't hint, doesn't misrepresent,
it shows itself as it is.
The body is alone, therefore exact –
circumstantial, thus corruptible.
This is its weakness
and its cortical power.
Besieged, bent, disheartened –
it is the only true form I have.

ↂ

Il corpo transessuale è un ritorno
al feto e alla pancia. Un salto
all'indietro verso la confusione
acquorea delle forme nel buio
imprecisato della madre.

Chiamatemi bambina, chiamatemi
creatura risucchiata nel grembo
e rinata. Abortita in eterno.
Chiamatemi adulta due volte
per queste mani che hanno mutato
sensibilità. Per questa carne
che del gioco ha svelato l'inganno
e le catene che non si vedono.

La corteccia sottile dell'albero
si è scorticata due volte
ma quanto è difficile credere
che il legno ferito dagli squarci
era un piccolo seme bianco
scagliato con violenza nel nulla.

The trans body is a return
to fetus and belly. A leap
toward the watery confusion
of forms in the mother's
dark undefined.

Call me baby, call me
creature sucked back into the womb
and reborn. Aborted forever.
Call me fledged twice over
for these hands that have changed
their perceptions. For this flesh
that revealed the trick of the game
and the unseen chains.

The tree stripped twice
of its thin bark –
how hard it is to believe
that the wood, flayed and wounded,
was a little white seed
flung violently into nothing.

Paziente questa metamorfosi
di carne che non lascia traccia.
Taciturna, onnivora decostruzione.
Non bastano più le foto dell'infanzia,
i giochi benedetti dentro al cerchio.
Questo passaggio porta l'urgenza
della madre che richiama dentro sé
i pezzi del figlio che ha aggregato.
Questo passaggio ha un dolore senza nome,
la consapevolezza che non si torna
indietro. Se vi avessi tutte qui,
mie sorelle, io forse mi perdonerei.
Una parte di me si rassegnerebbe.
Ma quando vi vedo per le strade
siete così diverse, sorelle mie,
da come vi ho pensate. Così abituate,
assorte nel vostro nuovo ruolo.
Come se prima nulla ci sia mai stato.
I vostri corpi, sorelle, li vedo
inespugnabili, compatti. Al sole
non svelano macchia. Vorrei
toccarli tutti, questi corpi,
scoprirne le imperfezioni, contarne
gli anni uno ad uno – poter dire
"Non preoccuparti, anch'io sono così".

cco

It's patient, this metamorphosis
of flesh that leaves no trace.
Wordless, omnivorous change.
Childhood photos are no longer enough,
the games blessed in the circle.
This passage bears the urgency
of the mother who summons in herself
the pieces of the son she has assembled.
This passage bears a nameless pain,
the awareness that there is no turning
back. If I had you all here,
my sisters, maybe I'd forgive myself.
Part of me would reconcile.
But when I see you on the streets
you're so different, sisters,
from how I think of you. You settle in,
absorbed in your new role.
As if nothing had been there before.
Sisters, I see your bodies
impregnable, solid. In the sun
they're stainless. I'd like
to touch them all, these bodies,
unearth their imperfections, count
the years one by one – to say
"Don't worry, I'm like that too."

Ma quando vi vedo, intrappolate
nelle vostre pelli d'ambra, io mi sento
l'unica a continuare a portare
in tondo, sorelle mie nel supplizio,
questa storia che per acquietarsi
cerca la vostra muta consolazione.

But when I see you, trapped
in your amber skin, I feel it's only
me who keeps telling this story
in circles, my sisters in suffering,
rather than quieting down
to seek your silent consolation.

∽

Non esisti più, Giovanni,
tamburellando le dita sulle guance
mi dico nel pulviscolo della mattina.
Ho dimenticato la prassi dell'addio.
Piegarsi sulle ceneri dell'estinto.
Raccoglierle a mani giunte.
Depositarle in salotto, in bella vista,
in un vaso canopo con testa felina
affinché ti si guardi col rispetto
reverenziale che si deve ai morti.
Con la pazienza immobile del ricordo
che sovrasta tutto quanto il tempo.
Sei durato quanto la polvere
depositata sulle conche delle mani
in un ventoso lunedì mattina
e come polvere ti sei piantato in gola.
Hai scosso le narici e i bronchi,
ammalato la condizione del restare
finché uno starnuto non ti ha consegnato
alla cifra tonda dell'aria. All'invisibile
compostezza degli antenati.
Sei passato come una febbre settembrina.
Come un raffreddore per un colpo
d'aria imprevista. Hai solo spossato.
Non esisti più, Giovanni,
perché non basta una lama di sole

You no longer exist, Giovanni,
I tell myself in the dust of the morning,
drumming fingers on cheeks.
I've forgotten the customs of farewell.
Bend over the ashes of the departed.
Collect them in cupped hands.
Settle them in the living room, in plain sight,
in a canopic jar with a feline head
so it's clear the dead
command due reverence.
Memory, immobile,
looming over time.
You lasted as long as the dust
that settles in the palm
on a windy Monday morning
and like dust you planted in the throat.
Nose and lungs tickled,
suspended in that condition,
until a sneeze delivered you
to the round number of the air.
To the invisible
composure of the ancestors.
You passed like a September fever.
Like the chill from an unexpected gust.
You just got spent.
You no longer exist, Giovanni,
because a sharp ray of sun is not

a riportarti nel pulviscolo vorticoso.
Non esisti, mi convinco, tamburellando
sulle guance le dita. Quelle stesse dita
che un tempo furono le tue.

enough to set you swirling.
You don't exist, I'm convinced,
drumming fingers on cheeks.
Same fingers that used to be yours.

A LITTLE PAIN

❧

A conversation with you is necessary and impossible.

WISŁAWA SZYMBORSKA

I

A joy it will be one day, perhaps,
to remember even this.

VIRGIL

Per acquietare il male che lo assale
il poeta lo canta. Ne fa bella
mostra nei suoi versi per sbugiardarlo,
quasi a gridargli in faccia l'infinita
piccolezza della sua minacciosità.
Il poeta ha per sé l'arma della luce
a rischiarare i vuoti d'ombra,
le fessure dove s'annida, il male.

Potrai dirmi che si è deboli
mettendo a nudo i vasi incrinati.
La tavola di legno che balla.
Il punto del muro che non regge.
Nessuno – mi sembra udirti – è disposto
a indossare i tuoi dolori come perle
o a portarli in giro come docili
cani al guinzaglio. Eppure è proprio
del poeta indicare col dito
la ferita. I lembi ammalati
che non chiudono. Anche se tu
non assisti, ti sussurra comunque
un segreto che non puoi avere.

Così il mio male si estingue
su ogni mio verso. Lo canto,
lo urlo per liberarlo dal mucchio
di ossa che ha contagiato.

To calm the ill that assails,
the poet sings it. Makes a show,
in verse, of messing up,
as if to flaunt the infinite
smallness of the threat.
The poet's weapon is light
against the voiding shadow,
the cracks where menace lurks.

You tell me you're weary
of laying bare the broken vase.
The wobbling wooden table.
The unsound wall.
You tell me no one is willing
to wear another's pains like pearls
or walk them leashed like docile dogs.
But it is right for a poet
to point a finger at the wound.
The sick, stiff limbs.
Even when you won't listen,
the poet is whispering.

So my ache is eased
by each verse. I sing the ache
out, I shout to free it
from my afflicted bones.

Non voglio che tu lo colga
per salvarmi. Mi aspetto
che lo guardi crescere. E appassire.
Rannicchiarsi sfinito fino a non esigere
più nulla. Mi aspetto che il mio male
non ti faccia più male.

I don't want you to ache
to save me. I can tend
this pain, watch it grow and wither.
Crouch down exhausted until it asks
nothing. My hurt
won't hurt you anymore.

＊

Presagivamo la natura
dei nostri pensieri appellandoci
al corpo. Sfiorandoci, le nostre
menti non avevano più occhielli,
serrature, inviolati spazi
in cui far germogliare un segreto.
Con le mani riuscivamo bene
a non essere due. Scordavamo
persino le date, i giorni
in cui bisognava crescere soli.

Poi il corpo è andato da un'altra parte.
Si è dissolto, si è addensato, si è confuso.
Ha rigettato le tracce che avevi
impresso – le porte che a me
conducevano sono state divelte.

Così, con il male in tutti gli organi
con la malattia fra noi, noi
per la prima volta, increduli,
non ci conoscevamo affatto
e si è dovuto per forza
essere due. Si è dovuto
con la paura agli occhi
dubitare di sé, e del corpo.
Di queste ingannevoli mani.

We predicted the nature
of our thoughts, begging
the body. Without touch,
our minds no longer had eyelets,
locks, closed places
for a secret to germinate.
With our hands, we succeeded
at not being two. We forgot
even the dates, the days
we had to grow up alone.

Then the body went elsewhere.
It dissolved, thickened, confused.
It rejected the tracks
you'd imprinted – uprooted
the doors that led to me.

Thus, doubt-riddled,
unease between us,
incredulous, we for the first time
didn't know each other at all
and had to part.
It was necessary,
fear in the eyes,
to question oneself, and the body.
And these deceptive hands.

Noi eravamo fra quelli chiamati
contro natura. Il nostro esistere
ribaltava e distorceva le leggi
del creato. Ma come potevamo
noi, rigogliosi nei nostri corpi
adolescenti, essere uno scarto,
il difetto di una natura
che non tiene? Ci convinsero,
ci persuasero all'autonegazione.
Noi, così giovani, fummo costretti
a riabilitare i nostri corpi,
obbligati a guardare in faccia la nostra
natura e sopprimerla con un'altra.
A dirci che potevamo essere
chi non volevamo, chi non eravamo.
Noi gli unici esseri innocenti.
Gli ultimi esseri viventi, noi,
trapiantati nel mondo dei morti
per sopravvivere.

We were among those called
against nature. Our existence
toppled and twisted the laws
of creation. But how could we,
luxuriant in our adolescent bodies,
be a waste, an untenable defect?
They convinced us,
persuaded us to deny ourselves.
We, so young, were forced
to revise our bodies,
obligated to look our nature in the face
and suppress it in favor of another.
To tell ourselves we could be
who we didn't want to be, who we weren't.
We, the only innocents.
The last living beings, we,
transplanted to the world of the dead
to survive.

Un errore semantico si nasconde
nella parola *riattribuzione.*
Il prefisso *ri-* mi dice che c'è stata
una perdita, qualche tentativo
abortito, un'ingiustizia
che si vendica riprovando
a mettere a posto le cose.
Allora qualcuno mi dica dove ho perso
quel che mi serve. Forse è caduto?
Forse è rotolato giù per sbaglio?
Eppure non mi sono accorta
che cadeva, che andava giù
a terra. Forse è finito
tra i cespugli dell'infanzia.
Dunque si provi a riprenderlo,
quello che mi è caduto. Ritrovatelo
e riattribuitemelo – si abbia però
la cura di dirmi: "sta' attenta
che un'altra volta non te lo diamo,
fa' attenzione che si perde facilmente".
E poi riattribuitemi lo scorso martedì
e il mese d'agosto duemiladodici
e i sedici anni fraintesi
e tutti quanti i giorni fino al primo
– che forse è stato il più fallimentare
perché da lì si è innescata una perdita
centrifuga. Così la nascita – ogni nascita –

✎

A semantic error hides
in the word *reassignment.*
The prefix *re-* suggests to me
a loss, attempts
abandoned, an injustice
that vindicates itself by trying
to put things right.
So someone tell me where I lost
what I need. Maybe it has fallen?
Maybe it rolled away by mistake?
I didn't notice what fell,
what dropped to the ground.
Maybe it came to rest
in the briars of childhood.
Someone try to find
what I dropped
and return it to me – unhand it
but tell me: "careful,
next time you won't get it back,
pay attention, it's easily lost."
And then give me back last Tuesday
and the month of August, 2012,
and sixteen misunderstood years,
and every other day back to the first
– perhaps the most devastating
because it set the centrifugal loss
in motion. So birth – each birth –

appare il frutto di tentativi,
di perdite da aggiustare
e di nomi che poco aderiscono
alle cose. E quello che si chiama
riattribuzione, io banalmente
lo chiamerei per quello che è:
il primo richiamo della vita.

yields fruit of striving,
and losses to account for
and names that adhere poorly
to things. And what they call
reassignment, I simply
call what it is:
the first cry of life.

❧

Quando i nostri gomiti s'incontravano
sui banchi di scuola, tu ancora
non sapevi che in me stava attecchendo
il germe della diversità. Tu non
pensavi che la mia acerba ostilità
era un modo ingenuo di sfuggire
alla forma inaccessibile
della tua adolescenza. Ti amavo.
E come allora non ho lingua
per dirtelo – ora che non sai più
come mi chiamo, ora che un muro
di parole inespresse si è addensato
tra noi. Avrei dovuto essere chiara
fin da subito dirti che le cose
stavano così, e così, e non potevo
farci un bel nulla. La mia
diversità era solo un'altra faccia innocua
dell'essere normali. Ed è più ridicolo
che io ti pensi proprio adesso
che ho messo a posto le cose
– che rimpianga l'assoluta nullità
che c'è stata tra noi da un altro sesso
da un'altra città, da un nuovo
nome, da un'altra piccola vita.
Ma tu non ci sei, non ci sei
ed io avrei voluto solo
finire d'amarti in tempo.

〰

When our elbows met
on school desks, you didn't know
the seed of difference
was taking root in me. It didn't
occur to you that my anger
was a child's approach
to the forbidden form
of your adolescence. I loved you.
Now as then, I have no language
to tell you – now that you no longer
know what to call me, a wall
of unspoken words hardened
between us. I should have been clear
with you from the start that things
were like that – and like that, I couldn't
do a damn thing about it.
My difference was just another
facet of being. And how ridiculous
that I should think of you now
that I've put things in order
– that I should regret the absolute nothing
that was between us, from another gender,
from another city, from a new
name, from another little life.
But you are not here, not here
and I would have liked
to finish loving you in time.

cs

Quando lui avanti cammina
– mentre prima andavate insieme –
senza assecondare il tuo passo,
non cercando la tua mano con la sua.
Quando lui cammina avanti da solo
c'è un dolore minimo
che si è conficcato tra voi.

Quando ti viene chiesto
fino a quando dovrai prendere ormoni?
e alla risposta *per tutta la vita*
non comprenderanno e continueranno
a chiedere un limite alla malattia.
Quando anche il tuo nome verrà sbagliato,
farfugliato in sillabe di indifferenza
c'è un dolore minimo
acquattato tra le parole.

Quando cerchi nel corpo una screziatura
da cui guardare quel poco che è rimasto
di un esistere remoto – quasi dimenticato.
Quando nel corpo cerchi una fessura
ma non la trovi da nessuna parte
c'è un dolore minimo
a riempire tutte le fosse.

❧

When he walks ahead of you
– where before you walked together –
without matching your stride,
without seeking your hand with his.
When he walks ahead by himself
there's a little pain
lodged between you.

When he asks
how long will you have to take hormones?
and you answer *all my life*
he won't get it, will press
as if questioning a prognosis.
When he messes up your true name,
mumbles it with indifferent syllables,
there's a little pain
crouched between words.

When you look for a mark on the body
that speaks of what little is left
of a distant life – almost forgotten.
When you look for a break in the body
but you can't find it anywhere
there's a little pain
to fill all the cracks.

Quando lui infine rallenta il passo
e ti chiede perdono per le sue
atroci parole. Quando lui ti guarda
come la prima volta e tu allora cedi
perché hai stanco il passo.
Quando sei sicura che quelle parole
le risentirai ma per ora ti va bene così
c'è un dolore minimo tra voi.
Quasi non c'è, ma c'è
c'è e rimane.

When he finally slows down
and asks your forgiveness for his
awful words. When he looks at you
as if for the first time and you give in
because you're tired from walking.
When you're sure you'll come to resent
those words, but for now it's okay
there's a little pain between you.
It's almost not there, but it is there
it is there and it remains.

∽

Ci aggrappavamo ai nomi
come per un gioco di violenza.
Questo mio nome, che tu conosci
– a te solo appartenevano le sillabe –
io questo nome credevo d'averlo
dimenticato. Ma nei giorni senza scampo
tu me ne rinfacci ogni lettera,
mi dici: "Il tuo nome è tutto qui dentro"
e mi costringi nelle vocali.
Negli accenti che per vent'anni
ho combattuto. Con te è tutto
un indugiare sulle soglie del vero,
confondere i ricordi, i connotati,
far che nulla sia mai esistito.
Non i luoghi, non le mani che ci afferravano,
non il male che mi dici – e che sfugge
e questa volta ti stupisce alle spalle.
Rimane tutto dentro il tuo nome.

꿈

We clung to names
as to a violent game.
This name of mine, which you know
– the syllables belonged only to you –
I thought I had this name
forgotten. But in the days of no escape
you blame me for every letter,
you tell me: "Your name is all in here"
and you force me into the vowels.
Into the accents I fought
for twenty years. With you it's all
a loitering at the stoop of truth,
a confusion of memories, of connotations,
making it so that nothing ever existed.
Not the places, not the hands that grabbed us,
not the threat you describe – which escapes
to startle you from behind this time.
It all remains within your name.

Sono il tronco di betulla rovesciato
in questo stagno che ormai è palude.
Tu vieni qualche giorno a settimana
a battesimo delle tue paure
– come per far credere ai tuoi occhi
che il mondo è anche forme sott'acqua.
Invisibili, al punto che nessuno
direbbe che questo tronco è anche
carne e mani e pensieri annegati.

Tu vieni e siedi sopra il tronco
rovesciato. Non senti il suono
delle radici che si scoprono
sotto il tuo peso. Al tuo contatto
qualcosa della palude ritorna
stagno. Eppure un sintomo presagisci
di questo esistere che non si vede
nel preciso istante in cui smetti
di tamburellare il legno con le dita.
Quando vicinissimo ormai
al disvelamento di un mistero
ti sollevi dal tronco-corpo
e te ne vai.

෫

I am the toppled birch trunk
in this pond turned swamp.
You come a few days a week
to baptize your fears
– as if to make your eyes believe
in the submerged world too.
Obscured, to the point that no one
would say this trunk is also
flesh and hands and drowned thoughts.

You come to rest on the toppled trunk.
You don't hear the sound
of the roots that find themselves
beneath your weight. Yet at your touch,
something of the swamp becomes
pond again. A flash
of my hidden existence
in the very moment you stop
drumming the wood with your fingers.
When so close now
to unveiling a mystery,
you rise from the trunk-body
and you go.

❧

L'immolazione al sesso
fu sacrificio necessario
per sbarazzarsi del corpo infetto.
Per rifondare bisognava
usurpare, violare, sfigurare.
Persino avvalersi dell'inganno
e forzare le serrature – farsi
strada con passo da conquistatore.

Tutto volevi di questo corpo,
della tua vittima tutto bramavi
e lasciavi intendere che in te
desiderio non c'era, non amore,
solo un piccolo senso del dovere.
Tu il purificatore, tu
prendevi anche più del necessario.
Mi lasciavi sempre
come se l'ultima notte
fosse davvero l'ultima.

Ma quando arrivava il giorno
il corpo non era più peso mio.
Non era più compito tuo.
Era fragile scorza esposta
al terribile giudizio della luce
e straziata.

☙

To immolate the sex
was a necessary sacrifice
to get rid of the infected body.
To remake it, it was necessary
to usurp, to violate, to disfigure.
Even to trick,
to force the locks – to advance
at a conqueror's pace.

You asked everything of this body
your victim, craved everything,
and made it known that in you
there was no desire, no love,
just some small sense of duty.
You the purifier, took
even more than was necessary.
You always left me
as if the last night
were really the last.

But when morning arrived,
the body was no longer my burden.
It was no longer your job.
It was a fragile rind
tossed to the stark judgement of light
and torn apart.

L'altra notte, sai – adesso ricordo –
oltre l'amore paziente che mi hai dato
c'era qualcos'altro. Tu forse
non ci hai fatto caso. Tu pensi
forse che due corpi non abbiano
altro da darsi che i loro corpi.
Ma l'altra notte – ne sono sicura –
c'era qualcos'altro.

Non so come l'avessi proprio tu
quello che in vent'anni andavo cercando.
Perché proprio tu e non un altro
– così caro verso questa carne
che a stento si riconosce –
ma per sbaglio nella tasca destra
dei tuoi pantaloni, prima di andartene,
appallottolato ho trovato il mio nome.

Ed è così buffo sapere che ti appartenga
prima ancora d'appartenere a me.

You know, the other night – now I remember –
with the patient love you gave me
there was something else. Maybe
you didn't notice. Maybe you think
two bodies don't have
anything to offer but themselves.
But the other night – I'm sure of it –
there was something else.

I don't know how you came to have
that thing I'd sought for twenty years.
Why you – so tender toward this body
that it's hardly recognizable – had it,
and not someone else, but by accident
in your right pants pocket, before you left,
balled up, I found my name.

And it's so funny to know you had it
even before it belonged to me.

Guardate quella madre: non porta
con sé un dolore comune.
Ricorda di aver avuto un figlio,
e anche il treno su cui è salito
in agosto per guadagnarsi un futuro.
Alla stazione di Siracusa l'ha visto
tornare il suo figlio maschio, dopo anni.
Era lì davanti a lei ma non era più maschio.
Una femmina, una giovane donna
dove si specchiava le veniva incontro.
La guardava, non era vero, pensava:
le somigliava. Che dolore,
che dolore non comune, pensava,
non averti data alla luce, figlia mia,
quando bisognava.

Guardate quel padre: non porta
con sé un dolore comune.
Ricorda di avere avuto un figlio,
il fratello di un altro uguale
e che erano nati insieme, sani
tutti e due maschi. Com'è possibile
accorgersi dopo diciannove anni
che quel figlio maschio non era:
quali errori, quali vendette
dei padri lo avevano colpito?
Eppure l'altro fratello non l'ha ingannato.

Look at that mother: hers is
no common pain.
She remembers having a son,
and the train he boarded
in August to earn a future.
Years later, at the station in Siracusa,
she saw her son return, but he was
no longer him. A girl, a young woman,
came to meet her. She looked
at her. *This isn't true,* she thought.
They look the same. What pain,
what strange pain, not to have
birthed you, my daughter,
when you needed me to.

Look at that father: his is
no common pain.
He remembers having a son,
brother to an identical twin,
born at the same time, both
healthy baby boys. How is it possible
to comprehend after nineteen years
that this son is not:
what mistake, what ancestral
punishment has struck him?
But the other brother didn't trick him.

Che dolore non comune, pensava,
ricominciare da capo, dai primi vagiti.
Abituarsi dopo vent'anni
a ridiventare padre.

Guardate quella figlia: non porta
con sé un dolore comune.
Guardatela bene: è appena nata
ma da nessuno è stata generata.
Nessun padre l'ha voluta, nessuna
madre con dolore l'ha partorita. È venuta
al mondo con la vivida certezza
di splendere sola nella diversità.
Non chiede perciò dolori comuni.
La ferita da cui è nata è ancora aperta:
non curatela, dice, sono vent'anni
che aspetto di farmi entrare
la luce. Guardatele il corpo:
un dolore non comune
riluce.

What strange pain, he thought,
To begin again, at the first cry.
After twenty years,
to become a father again.

Look at that daughter: hers is
no common pain.
Take a good look at her: barely born
but made by no one.
No father wished for her.
No mother suffered her birth.
She came into the world with vivid certainty,
shining alone in her difference.
She does not ask, therefore, for common pain.
The wound that bore her stays open:
uncensored, she says, *Twenty years*
I've waited to step into the light.
Look at her body: lit
with that curious pain.

eɔ

Lo spazio del mio corpo è questo:
campo di semina minuta
piantata da un vento crudele.
Io non so fra quanto e dove
fioriranno i germogli, non so
se avranno un nome o saprò chiamarli.
Ma ho visto queste mani spuntate
tra le mani. Ho presentito questi anni
intrecciati come rami, come gambe
(perché dove il corpo cessa di essere
corpo, accade il bosco). Conosco il silenzio
e l'abitata pazienza del sottosuolo
– dove c'eri, e non chiamavi. Gestavi.
Ho assistito all'urgenza della tempesta,
della pioggia che sommerge
e ci scopre uniti alla radice.

Come se non ci fossimo mai divisi.
Come se questi quattro anni
non mi avessero mai, neanche una volta,
abituata ad abitare il dolore.
Come se ancora mi ostinassi
a piantare corpo nel corpo
– contenerlo unicamente in me
per imparare a farne senza.

The space of my body is this:
a small field
sown by a rough wind.
I don't know when and where
shoots will bloom, I don't know
if they'll have a name or if I'll know what to call them.
But I've seen these blunt hands
held between hands. I've anticipated these years
intertwined like branches, like legs
(where the body ceases
the forest advances). I know silence
and the patience of subsoil
– where you were and didn't call. I bore you,
bore witness to the storm's urgency,
the rain that floods us
and discovers us united at the root.

As if we were never divided.
As if these four years
had never accustomed me
to living in pain.
As if I might still persist,
plant body in body
– contain it entirely within me
and learn to do without.

Che nome scegli papà-giudice,
che nome mi dai? Mi hai convocata
in tribunale per dirmi che c'eri
quasi – che era arrivato il momento.
Papà-giudice, io le doglie te le sento.
Hai le mani gonfie sulle mie carte,
la testa – che male – piena di formule
e articoli e decreti legge che hai
scelto per me, preparato per battezzarmi.
Sai, papà-giudice, leggo un nome
sulle tue dita. Sento la tua carne
aprirsi e tirarmi fuori nuova
nuova. Che nome mi dai?

Ma non è tutto, mi dici. Serve
cancellare l'intera mia storia,
questi vent'anni bisogna correggere,
sbarazzarsi delle "emme" sui documenti
e arrotondare le vocali finali.
Papà-giudice – menomale – tu sai rimediare
ed io perciò ti appartengo dal giorno
in cui hai deciso di aggiustarmi.

Ho iniziato ad esistere in un'aula
di tribunale. Niente culle, niente
cordoni da recidere e colpi secchi
al centro della schiena per vedere
se si respira, niente vagiti, niente

❧

What name do you choose, papa-judge?
What name do you give me? You've summoned
me to court to tell me you're almost
there – the time has nearly come.
Papa-judge, I feel your labor pains.
Your swollen hands on my documents,
head – such an ache – full of formulas,
articles, bylaws you've found
for me, prepared for my christening.
You know, papa-judge, I read a name
on your fingers. I feel your flesh
open to ease out my new beginning.
What name do you give me?

But that's not all, you tell me. You must
cancel your whole history.
These twenty years need correction.
Erase the "m"s on the forms
and round off the final vowels.
Papa-judge – thank goodness – you know
the remedy. I've been yours since the day
you decided to fix me.

I began existing in your courtroom.
No cradle, no cord to cut,
no staccato blow to the back
to start me breathing.

corridoi dove smaltire l'ansia,
niente verbi commossi, niente
mani strette e auguri di figli maschi.
Solo la tua voce, papà-giudice,
che mi chiama davvero
per la prima volta – finalmente.

Così credo che il suono primordiale
di ogni nascita sia una voce che chiama
un nome – è il pronunciamento
che rende vivi, reali.

Allora, che nome hai scelto, papà?

No cries, no anxious corridors,
no purple verbs, no
clenched hands, no *It's a boy!*
Only your voice, papa-judge,
saying my true name
for the first time – finally.

So I believe the elemental sound
of each birth is a voice that says
a name – its pronouncement
renders the living real.

Now what name have you chosen, Papa?

❦

Non ho figli da dare – non potrò.
Non ho tube che si gonfiano
né ovuli da spargere per il mondo.
Non ho vulve da tenere fra due
dita – da schiudere tra le valve
delle gambe non ho niente.

Ma lui mi sfiora, continua a toccarmi,
a perlustrare con le dita questo
corpo imploso, risucchiato tutto
all'interno. Fuggito senza lasciare
tracce. E lui persiste a sfiorarmi
per trovare il punto che possa
dargli piacere. Che possa
consolarlo, farlo sentire uomo.
Non glielo dico, ma non c'è.

Eppure tutta questa sua goffa
illusione, quest'avventatezza
nel proiettarsi verso il dato certo
per un attimo mi restituisce
tutto ciò che mi manca – e al suo miracolo
questa sera mi faccio donna.
Completamente.

≈

I have no children to give – impossible.
I have no passages of cells
dividing for the world.
I have no folds to hold between
fingers – nothing to open
between the legs.

But he touches me, keeps touching me,
searching this imploded body,
everything sucked up inside it,
everything fled without a trace.
And he persists in touching me
in search of the place that will
satisfy him. That will
console him, make him feel like a man.
I don't tell him, but it isn't there.

Yet all his clumsy
illusion, his reckless
projection of points onto my body
gives me for a moment
everything I am missing – and with its
miracle tonight I make myself a woman.
Completely.

II

The true Nature of things loves to transform itself.

HERACLITUS

Tutto iniziò con l'avere confidenza.
Eravamo solo noi due e il corpo.
Dapprima c'ero io soltanto,
lei venne poi con l'urgenza piccola
del vento, della pioggia, delle radici
– di tutto ciò, insomma, che non si può
controllare ma semplicemente accade.
Riposava nell'ordine inviolato
della natura. Forse da secoli
era iscritta in una qualche cellula
tramandata col tempo fino a me.
Perciò non seppi, non potei scacciarla.
Dovetti, come ogni destino, prenderne
atto. Forse era qui per salvarmi.
Era me più di quanto io stesso
potessi appartenermi. Mi fidai.
Così iniziai a darle spazio.

✑

It all started with our confidence.
Just us two and the body.
At first, just me alone.
Then, in no hurry, she came
out of the wind, the rain, the roots
– out of all that, in short, cannot be
controlled but simply happens.
She rested in the inviolate order
of nature. Maybe for centuries
she was written in some cell,
handed down through time to me.
So I didn't know, couldn't drive her away.
I had to, as with any destiny, take her
hand. Maybe she was there to save me.
She was me more than I
could belong to myself. I trusted her.
So I began to give her space.

∾

Io venni come ultima cura.
Capitarono giorni in cui credetti
di vederlo affondare per sempre.
Non sarebbe arrivato ai vent'anni
se quell'agosto non fossi intervenuta.
Se non gli avessi insegnato ad abitare
quel corpo. Tutte le potenzialità
c'erano, ma erano come soffocate
sotto terra, lontano dalla luce
– perciò lui credette di non possederle
più. Si arrese a un corpo senza scampo.
Risparmiai alla madre il dolore
di vederlo dall'alto di una trave
o in un sonno profondissimo e quieto,
lontano ormai dai giorni, dalle storie.
Io fui l'Identità in un tempo dilaniato
dalle incertezze.

I came as a last resort.
There were days I thought
I'd see him sink forever.
He wouldn't have reached twenty
if I hadn't intervened that August.
If I hadn't taught him how to live
in that body. All the potential
was there, but as if suffocated
underground, far from the light
– he thought he didn't have it
anymore. He had surrendered
to a body without exit.
I spared his mother the pain
of seeing him hung from a beam
or in that deep and quiet sleep,
far from days, from stories.
I was Identity in a time torn open
by uncertainty.

Col tempo divenni nient'altro
che un pallido riflesso di quel che ero.
Lei, la *Natura*, si era appropriata di tutto:
ogni cosa ormai iniziava a portare
il suo nome. Il suo muto inganno.
Fui poi rinnegato, ridotto al vuoto.
Poco a poco, vidi scivolarmi
davanti le ore, i volti, le strade.
Pensai che era meglio agire quando ancora
potevo. Stare allora nel corpo
era come indugiare in una stanza
in cui non si può più restare.

∽

Over time I became nothing
but a pale reflection.
She, *Nature,* had seized everything:
everything began to take
her name. Her sleight of hand.
I was disowned, voided.
Little by little, I saw myself slip
past the hours, the faces, the streets.
I thought it best to withdraw while
I still could. To stay in the body
was like lingering in a room
in which one is no longer welcome.

✑

Si dice che le personalità forti
balzino in avanti di fronte a un immenso
pericolo. Toglierlo dalla Storia,
rimuoverne il nome, le movenze,
fu atto di estrema carità e protezione.
Solo cancellando si può rifondare.
Lui mi apparteneva sin dal tempo
corrotto d'innanzi nascita,
quand'era nient'altro che un nome confuso
sulle labbra malate di qualcuno.
Ma io per lui avevo già una forma,
immaginavo un destino che ora
vengo a fondare. Io fui la Coscienza
che slarga le ombre senza nome
della notte.

❧

Strong personalities are said to leap
forward in the face of great
danger. Pluck it from History,
remove the name, the movements,
and it was an act of grace and defense.
Only scrapped can a thing be rebuilt.
He belonged to me since
that first bad birth,
when he was nothing but a name
confused on a pained pair of lips.
I already had a shape for him,
I imagined a fate that now
comes to pass. I was the Consciousness
that broadens the nameless shadows
of the night.

ↄ

A volte certe forze misteriose
portano un nome dolce di madre.
"Sono tua madre – mi disse benevola –
vengo a portarti la luce, quello
che è giusto per te, tesoro mio".
L'unico modo per preservarmi
fu quello di darle ragione
– allentare la presa tra le sue
braccia accoglienti e tranquille.
All'età di diciannove anni
fui messo a dormire in un sonno
smemorato e senza traccia di sogni.
Ricordo solo d'aver avuto un nome.

✑

Sometimes certain mysterious forces
come in the mother's sweet name.
"I'm your mother," – she said gently –
"I come to bring you the light, your
proper light, my darling."
The only way to save myself
was to agree with her
– to ease into the embrace
of her welcoming and peaceful arms.
At the age of nineteen
I was tucked into bed
to sleep without memory or dreams.
I only remember having had a name.

"Sono tua madre, sono io" – gli dissi
per acquietargli la morte. Certe
forze benefiche portano a volte
l'inquietudine di mani violente.
"Sono qui per curarti amore mio.
Non soffrirai più, con me starai bene".
Nelle terre profonde dalle quali provengo
la morte coincide con il sonno,
non addolora. Ci si risveglia sempre
ma qualcosa ha già cambiato il suo corso.
Sono io la Madre cannibale, la Natura
celata che corrode pezzo a pezzo il corpo.
Nei riti di rinascita c'è un prezzo
da pagare – ed è la rinuncia, l'umiliazione,
privarsi di tutto per avere una possibilità.
Ma come ogni madre, riesco persino
a rimboccare le coperte, soffiare
la buonanotte, con le dita scostare i capelli
da una fronte che non trova più pace.

သ

"I'm your mother, it's me" – I told him
to ease him to his death. Certain
merciful forces sometimes carry
the restlessness of violent hands.
"I'm here to heal you, my love.
With me, you won't suffer anymore."
In the deep lands from which I come,
death rhymes with sleep,
not pain. One always wakes,
though something has already changed course.
I am the cannibal Mother, concealed Nature
eating at the body piece by piece.
In the rites of rebirth there's a price
to pay – renunciation, humiliation,
everything exchanged for a chance.
But like any mother, I can still
tuck him in, blow him a kiss
goodnight, my fingers smoothing the hair
from a forehead no longer at peace.

III

"Why did you ever tell anybody?"
"I want people to know."
"How come?"
"Because we're what's next."

JEFFREY EUGENIDES

Una volta a settimana si andava
a cena fuori: l'unica occasione
in cui non ci si poteva evitare.
Si fingeva allora il rituale fallace
della società e una parvenza di dialogo.
In quell'occasione il padre si accertava
dei sentimenti dei figli. Chiedeva
se avessero ragazze da presentargli,
prede da esporre in famiglia – memore lui
delle sue giovanili conquiste.
Così fiducioso in quelle sere
era il padre – così sicuro del suo
dettato – da non aspettarsi alcuna
risposta, neppure un cenno.
Ma non sospettava ancora il padre
che, ben oltre le ipotesi più felici,
in quelle sere il filo dell'ereditarietà
già era stato spezzato.

Once a week we went
out for dinner: the only occasion
impossible to avoid.
We acted out society's empty ritual,
its sham dialog.
Each time, the father asked
after the boys' feelings. He asked
if they had girls to introduce,
trophies to display – nostalgic
for his own youthful conquests.
The father was so confident
on those evenings – so sure
of his role – he didn't require
so much as an answer, a nod.
The father couldn't yet suspect
that, despite his gleeful guesses,
the family line was already broken.

⸮

Il padre aveva sempre presentito
una qualche incongruenza
ma sembrava non preoccuparsene molto.
In famiglia, d'altronde, c'erano stati
in precedenza altri casi simili.
Il cugino Ciccio, nonostante
quel piccolo difetto, era cresciuto
un'ottima persona. Ci giurava.
I primi anni amò senza dubitare.
Ma al padre non erano mai piaciute
le «mezze femmine», quei travestiti
che non erano «né carne né pesce».
Da ragazzo ne vide uno. Un essere
ridicolo che la sera vendeva il corpo,
la mattina cianfrusaglie al mercato.
Quando raccontava ne rideva.
Qualche tempo dopo finalmente seppe.
Il suo amore vacillò solo qualche giorno,
per imparare il nuovo nome impiegò
due anni. Ma rimase in fondo allo sguardo
una desolazione appena visibile.
Quasi un inconfessabile grido.

The father had always sensed
something was off,
but he didn't seem preoccupied.
In the family history, after all,
there were similar cases.
Cousin Ciccio, despite
that little flaw, had grown
into a fine person. So he swore to us.
Early on, he loved without hesitation.
But the father never liked those
"half women," those transvestites
who were "neither fish nor fowl."
As a boy, he had seen one,
ridiculous, selling body
by night and bric-a-brac
by day in the market.
He laughed, recalling it.
Some time later, he understood.
His love only faltered a few days.
He took two years to learn
the new name. But beneath his gaze
remained a barely perceptible anguish.
A kind of soundless keening.

In pubblico ormai era «mia figlia».
Per la prima volta nella vita
il padre era sceso a compromessi.
Capì cosa volesse dire essere padre.
Imparò il nuovo nome più per se stesso,
per convincersi che fosse innocuo
e che nel pronunciarlo non sembrasse
un insulto. Si sorprese il padre
che, tutto sommato, non era poi
così grave. Ma, a volte, il padre
perdeva il contegno, tutto l'impegno
degli anni si incrinava quando
in pubblico si lasciava sfuggire,
declinato male, un articolo,
un nome, una vocale a tradire
il suo piccolo imbarazzo. Il dolore
allora si accumulava tutto in quella
disattenzione. Tutto allora mutava.
In quei momenti il padre
desiderava non essere più padre.

≈

In public now: "my daughter."
For the first time in his life
the father deigned to compromise.
He understood what it meant to be a father.
He learned the new name for his own sake,
to convince himself that it was harmless
and that pronouncing it did not
insult him. The father was surprised
that, all in all, it really wasn't
so bad. But sometimes the father
faltered, all the years of practice
lost when he let slip in public,
misdeclined, an article,
a name, a vowel betraying
his own small shame. The pain
gathered in that lapse.
Everything changed.
In those moments the father
no longer wished to be a father.

La madre aveva sempre desiderato
una figlia femmina. C'era stato
un tempo in cui fantasticava
sui nomi: *Vittoria* era il suo prediletto.
Ma quando ebbe un maschio, non esitò
a consegnargli il nome di suo padre.
In alcuni paesi, è con il nome
che si tramanda la memoria dei padri.
Si rinfocola il ricordo di corpi amati
sprofondati nel tempo troppo presto.
Quel nome portava in sé la responsabilità
di farsi custodi del passato.
Eppure la madre non avrebbe
immaginato mai che quel nome
sarebbe stato tradito appena
vent'anni dopo. Allora
la madre si sentì morire due volte.
La prima, quando perse il padre
a quattordici anni. La seconda,
alla stessa età del padre defunto,
quando rimase orfana, di nuovo.

The mother had always wanted
a daughter. At one time
she had fantasized about names.
Vittoria had been her favorite.
But when she had a boy, she didn't
hesitate to give him her father's name.
In some places, the memory
of a father is passed on in a name.
It revives the memory of a loved one
plunged into time too soon.
That name bears responsibility,
keeps custody of the past.
The mother could not have
imagined the name betrayed
just twenty years later. Then
the mother felt a double death.
The first, when she lost her father
at fourteen. The second when,
the age of her father at his death,
she was orphaned anew.

Era entusiasta, la madre, di questa
figlia accaduta all'improvviso.
Le dicevano che le somigliava
molto. Così il trauma le fu più lieve.
Vedersi nei lineamenti di un figlio
è promessa di durare un po' di più
nella storia. Perpetuarsi in orizzontale.
Far sì che il tempo abitui al male.
Ma, talvolta, si condensavano giorni
in cui era convinta che quel figlio ancora
vivesse. Si alzava dal letto,
lo cercava in tutte le stanze, frugava
tra i libri, negli armadi svuotati.
Lo chiamava a gran voce, questo figlio.
Non appena le nebbie del dolore
si dileguavano, la realtà ogni volta
le franava addosso. La verità
la feriva. Per qualche ora
si abbandonava a un pianto convulso
con il volto fra le mani. Poi,
come se l'amore non avesse mai
esitato, la madre si placava.

ເວ

She was enthusiastic, the mother,
about this sudden daughter.
Everyone said they looked
alike. This eased the trauma.
To see one's face in the face of a child
is a promise, a note held
a little longer across history.
Time heals all wounds, they say.
But sometimes days filled
with the conviction that her son still
lived. She'd get out of bed,
search each room for him, rifle
through books, open empty drawers.
She'd call out to him, this son.
As soon as grief's haze
lifted, reality poured
over her. The truth
throbbed. For hours
she'd abandon herself to weeping,
her head in her hands. Then,
as if love had never
wavered, the mother calmed.

A forza di strappi la madre comprese
di dovere lasciare andare suo figlio.
D'un tratto capì che non era il parto
a fare la madre né il sangue.
Era il bisogno, la necessità
di dare un genitore alla sua bambina
capitata insicura tra gli eventi.
Allora accettare l'assenza del nome
del figlio e del padre in quelle stanze
fu sforzo improrogabile. Taglio doloroso.
Solo così la madre, finalmente,
riuscì a specchiarsi nel volto della figlia
– a riconoscerlo infine come parte
del suo stesso corpo, del suo medesimo
sangue. Quel viso che dicevano
le somigliasse tanto, era uguale al suo.

≈

In fits and starts, the mother understood
she had to let go of her son.
She came to realize birth
didn't make a mother, nor blood.
The need, the responsibility
to give a parent to her child
became a tenuous through line.
To accept that empty room – the name
of the son and the father unspoken –
became urgent work. Painful demolition.
The mother managed, finally,
to see herself in her daughter's face
– to recognize it at last as built
of her own body, her own
blood. That face, which they said
so resembled her, was her own.

La madre di mia madre era convinta
che questo male fosse curabile.
Non sapeva cosa fosse: in sessant'anni
di vita si era tenuta ben lontana
da simili guai. A pensarci bene
viveva nel suo paese un certo
Pippo. Dicevano fosse effeminato.
A chi lo apostrofava "checca",
"frocio" o "ricchione", lui mostrava
il suo piccolo seno spuntato
con gli ormoni. Ma era un uomo
per le altre cose – non ne dubitava.
Perciò quando seppe, un terrore mosso
la prese. Immaginò come
potesse sembrare suo nipote
con quel seno, con quei capelli
di paglia e la vergogna tutta sul volto.
Pensò che la colpa fosse solo sua:
questo nipote non l'aveva
saputo crescere. Ci fu un mese
di travaglio prima che si decidesse
di parlarne col prete, scomodando
persino Dio. Quel Dio, seppe, pietoso,
forse anche incapace di esprimersi
su un tale mistero. Si rasserenò.
Le bastò poco in verità
per convincersi dell'apparente
benignità di quel male grumoso.

e3

My mother's mother was convinced
that my "disease" was treatable.
She didn't know what it was: for sixty years
she'd kept away from such troubles.
But come to think of it, in her village
there'd been a certain Pippo.
They'd labeled him effeminate.
To those who called him *queer,*
fag, ricchione, he flashed
his small breasts, budded
with hormones. But he was a man
in other ways – she didn't doubt it.
So when she heard, terror took hold
of her. She imagined her grandson
with those breasts, straw hair,
shame all over his face.
She thought it was her own fault:
this grandson didn't know how
to grow up. After a month
of anguish, she decided
to take it up with the priest, to disturb
even God. Though even merciful God
might be incapable of expressing himself
on a subject of such mystery. She brightened up.
In truth, it didn't take much to convince her
that this was no worse than a benign growth.

Diede al nipote un trafiletto
di una rivista cattolica in cui
si parlava proprio di persone
come Pippo, come suo nipote.
"Vedi, amore di nonna, la Chiesa
ti accetta. Dicono, qui,
che quel che hai è una cosa normale.
Il Signore ti ama, il Papa
vi riconosce tutti come figli".
Da allora si quietò la madre
di mia madre, ormai sicura com'era
che anche suo nipote avrebbe avuto
un posto in Paradiso, foss'anche
l'ultimo e il più angusto.

She gave her grandson a brief article
from a Catholic magazine, which spoke
of people like Pippo, like her grandson.
"You see, Nonna's darling, the Church
accepts you. They say here
that what you have is normal.
The Lord loves you, the Pope
recognizes all as God's children."
Since then my mother's mother
rests easy, now that she is sure
her grandson will have
a place in heaven, even if
it is the last and the narrowest.

❧

L'unico fratello si sentì come
tagliato all'improvviso fuori.
E i giochi che avevano condiviso
per vent'anni? E le alleanze
segrete? E le scaramucce?
Le risate? Dove sarebbero finite
tutte quelle cose? Le confidenze?
Non si sentì tradito, il fratello,
semplicemente frastornato.
Cosa avrebbero detto gli amici?
A scuola l'avrebbero preso in giro,
alle serate, e così ovunque.
Per sempre. A un tratto la realtà
esterna sorpassò l'importanza
di quel che provava nel cuore.
Forse non ci aveva mai riflettuto.
Col silenzio affrontò le cose.
Con la durezza di bontà rinnegate
senza un valido motivo. Si adeguò
al dolore senza provare a comprenderlo.
Ma, a volte, il fratello sognava
quei giochi lontanissimi d'infanzia.
Quei nascondini con cui loro due
colmavano il tempo. Ed ogni volta
saltava sul letto col cuore in gola
perché in sogno quel suo fratello
non lo trovava più. Da nessuna parte.

The only brother felt
cut off abruptly.
The games they'd shared
for twenty years? The secret
alliances? The skirmishes?
The laughter? Where would all these
end up? Their confidences?
He didn't feel betrayed, the brother,
just dazed.
What would their friends have said?
At school they would've teased him,
and in the evenings, and so everywhere.
Forever. At a certain point that fact
became more important
than what he felt in his heart.
Maybe he never thought about it.
He dealt with things silently.
Accustomed to warmth withheld
without reason. Unquestioning,
he adjusted to pain.
But sometimes the brother dreamed
of their distant childhood games.
The hide-and-seek with which
they'd fill the time. And every time
he leapt up in bed, heart in throat,
because he could no longer
find his brother. Anywhere.

✥

Gli altri parenti ebbero reazioni
contrastanti. C'era chi l'aveva
sempre saputo, chi sempre dubitato,
qualcuno lo considerava un capriccio,
qualcun altro non ci credeva affatto.
Si disse persino ch'era tutto un gioco,
desiderio vano di travestimento.
Perché, ci giuravano, a nessun'altra
famiglia di loro conoscenza
era capitata una simile sorte.
Non sapevano in che modo affrontarla.
Così il resto della famiglia tramava
una soluzione alle spalle del dolore.
Come se niente fosse mai successo.
Come se la distanza, il silenzio o l'attesa
fossero di per sé sufficienti
a chiarire le cose. A esorcizzarle.
E nessuno che venisse qui
a domandarmi davvero
chi ero.

The other relatives had different
reactions. There were those who had
always known, had always suspected,
one considered it a whim,
one didn't believe it at all.
One told himself it was a game,
a baseless desire for a disguise.
Because – they swore – no other
family they knew
had been subjected to this,
they didn't know how to deal with it.
So the rest of the family worked out
a solution for how to shoulder the pain.
As if nothing had ever happened.
As if distance, silence, or patience
itself would be sufficient
to clarify things. To exorcise them.
And no one who came here
really asked me
who I was.

Only after your death did I learn
there are no reasons,
you're neither born nor made:
You are. With the truth threaded through
like an earring.

FRANCO BUFFONI

e/o

Tutto si chiude su te per celebrarti.
Ma quel che sento non è l'ardore
della festa, il riso sproporzionato
dei bambini. È l'angoscia composta
del funerale che si scioglie.
Il sollievo triste di un malanno
che si è consunto sotto terra – e non può
più ferire. Questa minuscola vita
che pareva non esigere nulla
da te, sappi, ti deve tutto.
Quante volte, già da bambini,
l'idiozia del crescere ti rinnegava.
L'ansia di dovercela fare da soli.

E ora che ho imparato ad amarti,
tu, sofferta mia consolazione, tu ora
hai deciso di non esserci più.
Ora che una grande paura mi prende.
Ora che so di dover andare sola.

⌘

Everything closes in to celebrate you.
But what I feel isn't a party's
pleasure, children's outsized
laughter. Instead, pang
of the disbanding funeral.
Relief of injury faded to background –
barely felt. This little life
that seemed to ask nothing
owes you – know this – everything.
How many times, even as children,
the madness of growing up was kept from you.
Of having to go it alone.

And now that I've learned to love you,
small consolation, now you've
decided to take your leave.
Now that a great fear grips me.
Now that I know I must go on alone.

ABOUT THE AUTHOR AND TRANSLATORS

Giovanna Cristina Vivinetto was born in Sicily in 1994. Interlinea Edizioni published her first book of poems, *Dolore Minimo*, in 2018. This debut is the first collection of Italian poetry to address trans identity. The book won prizes that include the 2019 Viareggio Opera Prima. In 2020, BUR Rizzoli published Vivinetto's second book of poems, *Dove Non Siamo Stati* (*Where We Have Not Been*). Vivinetto lives in Rome, where she graduated from Sapienza University with a degree in modern philology.

Dora Malech's most recent books of poetry are *Flourish* (Carnegie Mellon University Press, 2020) and *Stet* (Princeton University Press, 2018). Her honors include a Ruth Lilly Poetry Fellowship, an Amy Clampitt Residency Award, and a Civitella Ranieri Foundation Writer's Fellowship, and her poems have appeared in publications that include *The New Yorker*, *Poetry*, and *The Best American Poetry*. She is an associate professor in the Writing Seminars at Johns Hopkins University and the editor in chief of *The Hopkins Review*.

Gabriella Fee's poetry appears in *Michigan Quarterly Review, Washington Square Review, The Common, Guesthouse, Sprung Formal, Levee Magazine, LETTERS, The American Literary Review* (2019 Prize for Poetry), and elsewhere. They hold an MFA from the Writing Seminars at Johns Hopkins University, where they received the Elizabeth K. Moser Fund for Poetry Studies Fellowship and the Benjamin J. Sankey Fellowship in Poetry. They are a fellow with the Postdoctoral Society of Fellows in the Humanities at Johns Hopkins University.

Also by Giovanna Cristina Vivinetto:

Dove Non Siamo Stati (Where We Have Not Been)

Also by Dora Malech:

Shore Ordered Ocean

Say So

Stet

Flourish

Soundings: Selected

The American Sonnet: An Anthology of Poems and Essays
(co-edited with Laura T. Smith)

Dolore Minimo is printed in Adobe Caslon Pro.
www.saturnaliabooks.org